한국의
마을 천제 天祭

한국종교
연구총서
17

한국의
마을 천제 天祭

원광대학교 종교문제연구소 기획

김도현 지음

도서출판 모시는사람들

한국종교연구총서 17

한국의 마을 천제(天祭)

등록 1994.7.1 제1-1071
1쇄 발행 2021년 4월 30일

기 획 원광대학교 종교문제연구소
지은이 김도현
펴낸이 박길수
편집인 소경희
편 집 조영준
관 리 위현정
디자인 이주향
펴낸곳 도서출판 모시는사람들
　　　　03147 서울시 종로구 삼일대로 457(경운동 수운회관) 1207호
전 화 02-735-7173, 02-737-7173 / 팩스 02-730-7173
홈페이지 http://www.mosinsaram.com/

인 쇄 (주)성광인쇄(031-942-4814)
배 본 문화유통북스(031-937-6100)

* 이 책은 2017년 정부(교육부)의 재원으로 한국연구재단의 지원을
받아 수행된 연구임(NRF-2017S1A5A2A03068542)

원광대학교 종교문제연구소는 근현대 한국자생종교 및 새로운 민족종교에 대한 연구를 지난 반세기동안 수행해 왔습니다. 최근에는 '한국 근·현대 민중중심 제천(祭天)의례의 역사적 전개와 특성'이란 주제로 한국연구재단의 일반공동연구지원사업을 3년간 진행하였습니다. 연구소장인 본인을 포함하여 원광대학교 동양학대학원 임병학 교수, 서울대학교 종교학과 최종성 교수 그리고 이 책의 저자이신 김도현 문화재청 문화재 전문위원께서 공동연구에 참여하였습니다. 지난 '한국종교 연구총서 16'『한국 근현대 민중중심 제천의례 조명』(도서출판 모시는사람들, 2021)에서는 민족종교의 제천의례에 대한 연구 성과라면, 이 번『한국의 마을 천제』에서는 마을 중심의 제천의례 현장을 답사하며 이루어진 결과입니다.

『한국의 마을 천제』는 '한국종교 연구총서 17'으로 기획되었습니다. 한국의 민중 중심의 제천의례 가운데 마을에서 구체적으로 어떻게 행해졌는지에 대한 기초자료로서 의미 있는 연구성과물이라 할 수 있겠습니다.『한국의 마을 천제』는 김도현 박사님께서 전국을 무대로 답사를 진행하여 얻은 귀중한 성과입니다. 강원도 태백산을 비롯하여 강릉, 삼척을 지나 충청도 진천을 넘어 전라도 고창, 장흥, 강진 등을 돌았고, 경상도 봉화와 부산 등지를 살펴보았으며, 바다 건너 울릉도, 추자도와 제주도 일원 등 그야말로 전국을 누비며 마을 제천의례를 답사 하였습니다. 이렇게 얻은 연구 결실은 민중 중심 제천의례에 대한 귀중한 원초자료라고 할 수 있습니다. 마을에서 행해지는 제천의례라는 것들이 대부분 정월 초하루나 정월 대보름 등 비슷한 날짜에 설행하여 천제를 거행하는 일련의 과정을 답사하고 정리하는 것은 상당한 공력과 시간을 필요로 합니다. 이번의 성과물은 3년간의 연구 프로젝트 결과물이면서도 김도현 박사님이 십수 년간 노력해온 결실이라 할 수 있습니다.

주지하듯이 근대시기에 조선왕조의 국가적 제천의례가 중단된 상황에서 민중들이 주도한 제천의례의 성격은 오히려 강화되었습니다. 조선조 후기와 일제강점기라는 국가적 위기 상황속에서도 일반 백성들이 숨어서 제천의례를 지낸 역사적 현장과 사료들이 산재해 있습니다. 일제강점기를 비롯하여 해방이후 많은 학자들이 제천의례에 대한 주목할 만한 연구업적이 부분적으로 산출되고 있는 시점입니다. 그러나 불행히도 이에 대한 사료집이나 연구서가 체계적으로 간행된 적은 없었습니다. 그래서 『한국 근현대 민중중심 제천의례 조명』(도서출판 모시는사람들, 2021)과 이번 『한국의 마을 천제』의 발간은 종교인류학적, 종교사회적 차원에서 더 없이 중요한 성과라고 할 수 있겠습니다. 연구자로서 현지답사와 결과물을 정리한 노고에 대해 감사의 마음을 담아 치하합니다. 또한 편집을 맡아 정성을 기울여준 종교문제연구소의 김재익 연구원, 그리고 이 책을 세상에 나올 수 있도록 어려운 상황에서도 출판해 주신 〈도서출판 모시는사람들〉 박길수 대표님께도 심심한 사의를 표합니다. 끝으로 이번 『한국의 마을 천제』 발간을 통해 민중중심 제천의례에 대한 후학들의 더욱 활발한 연구가 있기를 기대해봅니다.

원광대학교 종교문제연구소 소장
박광수 교수 합장

천신을 모신 제의 명칭을 '천제(天祭)' 또는 '천신제(天神祭)'라고 한다. 무라야마 지준[村山智順]이 1930년대에 조사한 자료를 바탕으로 간행한 『부락제』에서 강원도와 함경남도에 천제를 지낸 사례가 많다고 평가하였으며, 실제 조사 당시 전라남도 고흥군·장흥군·영광군, 제주도, 강원도에 속한 양구군·삼척군·평창군·금화군·평강군에서 천제를 지낸 사례를 확인하여 도표로 작성하였다. 함경남도에서는 천신을 모신 제의를 '천제사'라 하였는데, 홍원군, 북청군, 풍산군, 삼수군, 갑산군에서 설행되었다고 소개하였다. 그리고 모신 신령을 '천신(天神)'으로 소개한 사례를 전라남도 장흥군·나주군, 경상도 진주군·고성군·사천군·하동군, 강원도 양구군·삼척군·금화군·평강군, 함경남도 홍원군·북청군·풍산군·갑산군에서 확인하여 도표로 작성하였다.

비록 당시 조사한 사례가 소수에 불과하지만 이 사례들을 통해 일제강점기에 천신을 모신 천제가 전국에서 산견됨을 알 수 있다.

현재도 개별 마을 단위의 천제 사례를 충북 진천 금한동 천제, 전북 고창군 도산리 천제 등에서 발견할 수 있다. 이와는 달리 하위 마을들을 아우르는 천제당이 있어 매년 또는 수년에 한 번씩 하위 마을들을 모두 동참시켜 천제를 지내는 마을들이 있다. 이들 사례 중 여러 마을의 구심체 역할을 하는 대표 사례인 삼척시 내미로리 천제는 내미로리 내 작은 단위 마을 전체를 관장하는, 즉 마을 단위 제의보다 그 위상이나 제의 동참 범위, 의미가 더 확장된 형태의 천제이다. 이와 유사한 사례를 삼척시 도계읍 점리, 태백시 백산마을·솔안마을, 봉화군 대현리, 동해시 동호동 등을 비롯한 여러 마을에서 확인할 수 있다. 김도현의 연구(「삼척 산간지역 큰서낭당 小考」, 2011)에 의하면, 이와 유사한 마을 제의는 큰서낭을 운영하는 마을에서도 확인할 수 있다.

마을공동체 신앙에서 큰 마을에 있는 서낭당을 큰서낭당·도서낭당·대서낭당이라고 한다. 큰서낭당[도서낭당, 대서낭당]에서 베풀어지는 도서낭제는 여러 개의 하위 마을에 살고 있는 주민들을 특정 마을 주민이라는 하나의 공동체로 묶어 주는 중요한 역할을 수행한다.

이와 같은 전통을 고려한다면, 여러 마을을 아울러서 지내는 천제(天祭)는 제의에 동참하는 구성원을 기준으로 보았을 때 큰서낭당을 운영하는 마을 사례와 유사하다고 볼 수 있다.

하위 마을 모두를 아우르는 천제를 지낸 이유는 마을 전체에 우환(憂患) 발생, 또는 단위 마을에서 종교 의례를 통한 역병이나 우질(牛疾) 구축, 기우(祈雨) 등을 할 수 있는 상황이 아니거나, 하위 마을을 모두 아우르는 제의를 설행할 사회·문화적 필요가 있을 때 마을에서 모시는 신령(神靈)보다 상위 신령으로 여겨지는 천신(天神)을 모셔서 마을 주민들의 종교적 염원을 표출한 것으로 볼 수 있다.

마을 단위의 천제에 대한 조사·연구 성과가 많은 것은 아니지만, 필자를 비롯하여 나경수, 박흥주, 이용범, 이창식, 최종성 등 일부 연구자들이 충북 진천 금한동 천제를 비롯하여, 전남 장흥군 호계리, 신안군 지남리 지북마을, 경상북도 예천군 벌방리와 현내리 천제당, 강원도 태백시 절골, 동해시 동호동, 삼척시 내미로리, 삼척 호산리 등 여러 지역에서 설행되는 천제 사례들을 중심으로 천신을 비롯하여 모시는 신령들, 제의 과정, 기능과 의미 등을 분석한 논문을 발표하여 마을 천제를 부분적으로 이해할 수 있는 토대를 제공하였다. 이들 연구 성과 중 나경수와 박흥주의 연구에서는 별신제를 천제라 부르는 호계리 사례를 심층적으로 조사·분석하여 마을 천제에 참여하는 마을들, 모시는 신령들, 제의 구조, 제의 과정에서 28수기로 상정될 수 있는 대나무 28개를 세운 사례 등을 소개하고, 관련 문헌을 검토하여 전라남도 지역 마을 천제의 의미를 구조적으로 이해할 수 있는 토대를 마련해 주었다.

비록 마을 천제와 관련한 조사 대상 사례들의 일부분에 불과하지만 기존의 조사·연구 성과들은 마을 천제의 의미와 성격을 규명하는 데 많은 기여를 하였다. 그리고 서낭제, 당산제 등 인근 지역이나 다른 지역에서 설행하는 마을 제사와 비교함으로서 한국에서의 천제 전통과 마을 신앙을 구조적으로 이해하는 데 많은 도움이 되었다. 이에 더하여 필자는 강원도 영동남부지역에서 천제를 지내는 마을 사례들을 중심으로 마을 천제를 지내는 유형을 '천제당형'으로 설정하여 천신(天神)만 모시는 유형, 천신과 산신(山神)을 함께 모시는 유형, 천신과 기타 여러 신령을 함께 모시는 유형으로 구분하고, 구체적인 사례와 함께 그 의미를 분석하여 마을 천제를 구조적으로 이해할 수 있는 기본 토대를 마련하였다.

그리고 『부락제(部落祭)』(村山智順, 1937), 1967년에 조사한 자료를 국립민속박물관에서 시·도별로 발간한 『한국의 마을제당』, 문화재청·국립민속박물관·각 시청과 도청·기초자치단체·문화원·대학교 등에서 현지 조사한 자료를 바탕으로 발간한 보고서에 천신을 모셨거나, 천제를 지낸 사례들이 보고되었기에 마을 천제 연구에 많은 도움이 되었다.

이와 같은 조사·연구 성과에도 불구하고 전국적으로 산견되는 마을 천제를 종합적으로 정리한 보고서의 부재, 그리고 부분적으로 소개된 마을 천제 전통과 마을 천제에 대한 조사자들의 이해 부족으로 인해 마을 천제의 설행 양상과 성격을 종합적으로 이해하는 데 일정한 한계가 있었다.

　필자는 한국의 마을 천제를 대상으로 제주도·울릉도를 포함한 전국의 마을 천제 현장을 2000년부터 현재까지 지속적으로 조사·연구해오고 있다. 이를 바탕으로 9편의 관련 논문을 발표하였고, 이외에도 각종 보고서에 마을 천제 관련 조사 사례를 소개하였다. 마을 천제를 지내는 시기·장소, 마을별 천제단의 형태, 마을 천제에서 모시는 신령의 기능과 의미 등 지역별 천제의 전승 양상과 종교적 기능 등을 고찰하였다. 이를 통해 마을 천제의 구조와 성격을 종합적으로 비교·분석하였고, 마을공동체 신앙에서 마을 천제가 지닌 의미와 위상을 새롭게 이해할 수 있는 계기를 마련하였다.

　마을공동체 신앙에 대한 연구는 그간 다양하게 이루어져왔다. 그러나 마을에서 모신 천신(天神), 그리고 다양한 형태로 함께 모셔진 천왕(天王)·산신(山神)·성황(城隍) 등으로 구성된 천제(天祭)를 민속신앙의 독립된 영역으로 설정한 연구는 드물다. 이에 필자는 20여 년간 전국의 마을 천제 현장을 조사하고 정리한 연구 성과물들을 단행본으로 출간하게 되었다. 한국에서 천신을 모신 전통이 매우 폭넓게 수용·전승되어왔음을 널리 알리고자 함이다.

　마을 천제에 대한 현장 조사는 지금도 계속 진행 중이고 앞으로도 계속 연구할 예정이다. 가능하다면 우리나라뿐 아니라, 중국과 일본 등 외국에서 천신을 모신 전통도 지속적으로 조사·연구하고자 한다. 이를 통해 천신(天神)·천제(天祭)가 지닌 성격과 의미에 대한 종합적인 이해 체계를 정립하여, 한국문명사를 구성하는 중요한 요소로 자리매김하는데 조금이나마 기여하고 싶다.

이 책이 나오기까지 많은 도움을 받았다. 원광대학교 박광수 교수님을 주축으로 진행된 제천의례 연구 사업에 참여하게 되면서, 전국의 마을 천제 사례 조사·연구가 확대되어 단행본 발간을 좀 더 앞당길 수 있었다. 그리고 짜임새 있는 논지를 전개할 수 있도록 아낌없이 도움 말씀을 주신 서울대학교 최종성 교수님, 부족한 제자를 위해 늘 힘이 되어 주신 신종원 교수님, 최광식 교수님의 격려 또한 잊을 수 없다.

무엇보다도 이 책을 발간하는 과정에서 가장 많은 도움을 주신 분들은 강원도를 비롯하여 경기도, 충청남북도, 전라남북도, 경상남북도, 제주도 등 각 지역에서 마을 천제 현장을 지키는 어르신들이다. 지면으로나마 머리 숙여 깊이 감사드린다.

아울러 민중 중심 제천의례 연구 사업의 실무를 담당하면서 필자의 책 편집 과정에 도움을 준 종교문제연구소 김재익 연구원, 도서출판 모시는사람들의 박길수 대표께도 머리 숙여 감사드린다.

2021년 4월
太白山과 東海를 바라보는
삼척 연구실에서
김 도 현

들어가며:
천제(天祭) 설행의 역사

우리나라의 역사에서 하늘에 제사지낸 전통은 고조선 이래 부여·고구려·삼한·동예를 거쳐 삼국시대로 이어졌으며, 고려와 조선에서도 하늘에 제사지낸 전통은 꾸준히 이어져 왔다. 물론 시대에 따라 제사를 지낸 구체적인 대상 신령(神靈)이나 제단(祭壇), 제의 목적이 달리 나타났다.[1] 여기에서 제천(祭天) 또는 천제(天祭)는 일반적으로 최고 신령으로서의 천신(天神)이 포함된 제사를 이른다.[2]

다양한 기록 중 『삼국지』「위지」〈동이전〉 중 예(濊)와 관련된 다음 내용은 우리 민족이 초기 국가 단계에서부터 각 마을 모든 주민들이 동참하여 일정한 날을 정하여 하늘에 제사지냈음을 잘 보여준다.

"예맥 사람들은 성품이 고지식하고 성실하여 욕심이 적어서 요구함이 없고, 풍속은 남녀가 다 곡선으로 된 옷깃의 옷을 입었다. 산천을 소중히 여기고, 산천마다 경계를 짓고 이웃끼리 서로 간섭하지 않았다. 일가끼리 혼인

---

1 한국의 제천의례를 통시대적으로 소개한 서영대교수의 다음 글에 역사적으로 중요한 제천과 관련한 연구 성과가 자세하게 소개되어 있다.
   서영대,「한국의 제천의례」,『강화도 참성단과 개천대제』, 경인문화사, 2009, 48~61쪽.
2 하늘에 대한 관념과 제천의 개념에 대하여 다음 글에 자세하게 소개되어 있다.
   서영대,「한국의 제천의례」,『강화도 참성단과 개천대제』, 경인문화사, 2009, 47~48쪽.

하지 않고, 모든 일에 꺼리는 것이 많았다. … 별자리로 풍년을 점쳤다. 10월에 하늘에 제사를 지내고 주야로 음주와 가무를 즐겼다. 이를 무천이라 한다. 또 범을 제사지내고 신으로 삼았다."[3]

"그 사람들의 성품이 솔직하고 성의가 있으며 욕심이 적으며 염치를 안다."[4]

'천신(天神)'에 대한 제의(祭儀)는 고대사회에서 주재 집단을 기준으로 3가지 유형으로 구분할 수 있다. 먼저 부여의 영고(迎鼓), 고구려의 동맹(東盟), 백제의 제천지(祭天地), 신라의 제천(祭天)에서 알 수 있는 바와 같이 국왕으로 대표되는 최고 지배 세력이 주재자가 되어 행함으로서 왕의 통치권을 강화하고, 공동체 성원들 간의 통합을 강화하려고 설행한 유형이 있다. 둘째는 예(濊)의 무천(舞天)에서 보이는 읍락 단위의 공동체 의례로 지속되어 읍락민들에게는 일체감 조성이라는 긍정적인 역할을 하고 다른 읍락에 대해서는 배타적인 의례로 작용한 유형이 있다.[5] 셋째는 마한(馬韓)에서 천군(天君)이라 불리운 별도의 사제자가 주재하는 천신제(天神祭)가 행해진 유형이 있다.

이후 제천 의례는 고대국가의 발전 과정에서 왕권이 강화됨에 따라 '왕권 강화'라는 이념적 표출로서의 제천 의례보다는 건국시조와의 연관성을 통

---

3 『後漢書』
4 『三國志』魏志東夷傳
5 박호원, 「韓國 共同體 信仰의 歷史的 硏究 : 洞祭의 形成 및 傳承과 관련하여」, 한국정신문화연구원 한국학대학원 박사학위논문, 1997, 33쪽.

해 정당한 왕권 계승자라는 의식의 확립과 왕권을 이념적으로 뒷받침하는
유교·불교와 같은 외래 사상의 수용이 더해져 제천 의례는 쇠퇴하였다.[6]

고려 시대에 와서 하늘에 대한 제사가 다시 중시되었다. 도교 의례의 일
환으로 행해진 초제(醮祭)는 왕이 직접 주관한 친초(親醮)·대초(大醮)가 있
었고, 제천단(祭天壇)에서 천지(天地) 제사를 지냈다. 당시 고려에서는 고려
왕실의 권위를 확보하고, 왕실의 무병장수와 기양(祈禳)·원구제를 통해 기
곡(祈穀)과 기우(祈雨)를 하며, 천상제(天祥祭)를 통해 하늘에서 오는 나쁜 것
을 막아 달라고 염원하는 하늘에 대한 제사를 중시하였다.[7]

조선 시대에는 기곡(祈穀)과 기우(祈雨)를 위해 원구제를 행하였으나, 세
종 31년에 폐지되었다. 이후 세조대에 부활하였으나, 세조 10년까지 원구제
를 행하였다는 기록만 남아 있다. 이와 함께 국가 사전에 등재된 '풍운뇌우
신(風雲雷雨神)'도 천신의 범주로 인식할 수 있고, 대한제국 시대에 원구제를
지낸 사실에서 조선 시대에도 천신 신앙의 전통은 계속 이어져 왔음을 알
수 있다.

그리고 한발이 들면 기우(祈雨)를 위해 인접한 여러 마을이 모여 천제를
지냈는데, 이와 관련하여 『조선왕조실록』에 실린 성종 3년 4월 27일(계사)
자의 다음 기사는 조선 시대에도 가뭄이 들면 천제를 지냈다는 사실을 보여
준다.

---

6 최광식, 『고대한국의 국가와 제사』, 한길사, 1994.
   박호원, 「韓國 共同體 信仰의 歷史的 硏究 : 洞祭의 形成 및 傳承과 관련하여」, 한국정신
   문화연구원 한국학대학원 박사학위논문, 1997, 47쪽.
7 김철웅, 『고려시대 『잡사』 연구 : 초사, 산천·성황제사를 중심으로』, 고려대학교대학원
   박사학위논문, 2002, 136~160쪽.

어떤 노인(老人)이 승정원(承政院)에 와서 고하기를,

"도봉산(道峯山)에 큰 바위 굴[巖穴]이 있는데, 제사를 지내고 번시(燔柴)[8] 하면, 반드시 비가 내릴 것입니다."

하므로, 승지(承旨)들이 아뢰니, 임금이 곧 내관(內官) 조진(曺疹)에게 명하여 그곳에 가서 제사지내게 하였다.[9]

현재까지 알려진 천제(天祭) 또는 제천(祭天)이라 불리우는 하늘[天]에 대한 제의(祭儀) 사례는 크게 3가지 유형으로 구분할 수 있다.

먼저 국왕으로 대표되는 최고 지배 세력이 주재자가 되어 행함으로서 왕의 통치권을 강화하고, 공동체 성원들 간의 통합을 강화하려고 설행한 국가 차원이나 특정 산의 권역을 중심으로 행해진 천제가 있다. 둘째, 예(濊)의 무천(舞天)에서 보이는 읍락 단위의 공동체 의례로 지속되어 읍락민들에게는 일체감 조성이라는 긍정적인 역할을 하고 다른 읍락에 대해서는 배타적인 의례로 작용한 유형이 있다.[10] 경상북도 봉화군 대현리를 비롯하여 전라북도 고창, 강원도 삼척, 충청북도 진천 등 전국 각지에서 간헐적으로 보이는 마을 단위, 또는 여러 개의 마을이 함께 지낸 천제가 이에 해당한다. 셋째, 개인이나 특정 종교 집단 차원에서 행한 천제로 구분할 수 있다.[11]

8　번시(燔柴) : 나무를 태워 불을 놓고 천제(天祭)를 지냄.
9　『조선왕조실록』17권. 성종3년 4월 27일(계사) 3번째 기사.
10　박호원,「韓國 共同體 信仰의 歷史的 研究 : 洞祭의 形成 및 傳承과 관련하여」, 한국정신문화연구원 한국학대학원 박사학위논문, 1997, 33쪽.
11　하늘[天]에 대한 祭儀 사례를 3가지 유형으로 구분한 연구 성과는 다음 글에 자세하게 소개되어 있다.
　　김도현,「한계산성 천제단의 형태와 성격」,『한국성곽학보』23, 한국성곽학회, 2013, 76쪽; 김도현,「삼척시 내미로리 天祭」,『종교학연구』32, 한국종교학연구회, 2014, 49~51쪽.

위의 3가지 유형의 천제 중 지역 차원의 천제는 상당 기능을 하는 천제단에서 하위 마을들을 포함한 공동 생활권에 속한 주민들이 모여 결속을 다지면서 지역민의 안녕을 기원하거나, 각종 역질 구축 또는 가뭄 해소 등 방재(防災)에 주목한 동제의 성격을 띠고 있다. 당연히 국가 또는 개인 차원의 성격보다는 지역 단위의 종교적 염원과 현실에 의례의 초점이 있다고 볼 수 있다.

제1장

마을에서 모시는
천신(天神)의 성격

마을에서 모시는 제신(諸神) 중 자연신으로 여겨지는 주요 신령을 산신(山神)·지신(地神)·천신(天神)·수신(水神) 등으로 구분할 수 있다. 무라야마 지준[村山智順]은 이들 신령 중 천신(天神)을 『부락제』에서 일·월·성(日·月·星)의 삼광(三光)을 성인신(聖人神) 또는 천신의 이름으로 신격화한 것으로 서술하였고,[1] 이에 천신(天神)을 오곡의 풍양과 주민의 생산·수명을 관장하는 기능을 수행하는 신령으로 규정하였다.[2]

평강군에서 조사한 전설을 소개하면, 천신을 조상 때부터 모셨는데, '신라 궁예가 함경도로 가는 도중 이곳의 유진면 후평리 무룡산에 돌을 옮겨 150척 정도의 성곽을 쌓은 흔적이 있는데, 그 한가운데에 제당인 '천신당(天神堂)'이 있다.'라고 소개하였다. 갑산군에서 천신은 남신으로 인간에게 위해를 끼치는 악귀를 퇴치하고, 가뭄·홍수·충해를 막아주는 절대적인 신

1　地神은 마을에 소재하는 지역의 靈을 성황신, 토지신의 이름으로 신격화한 것이고, 水神은 하천, 강, 바다의 靈을 용왕신의 이름으로 신격화한 것이라고 규정하였다.
　　村山智順, 『部落祭』, 조선총독부, 1937, 236쪽.
2　村山智順은 『部落祭』에서 天神과는 달리 山神을 맹수를 제압하여 마을을 수호하는 신령으로 규정하였고, 城隍을 마을의 잡귀·악귀를 막아 마을의 안녕을 담당, 龍神을 수난 방지와 풍어를 담당한다고 규정하였다.
　　村山智順, 『部落祭』, 조선총독부, 1937, 236쪽.

령(神靈)으로 모셔졌으며, 제주도에서는 천신에게 주민이 지성으로 제사를 지내면 그해는 풍년이 들고, 가축이 번창하며, 질병이 유행하지 않는다[3]고 하여 천신이 종교적으로 마을 주민들의 안녕과 풍요를 희구하는 일반적인 기능과 함께 악귀 퇴치, 역질 구축, 가뭄 해소, 홍수 극복, 충해 방지 등을 관장하는 신령으로 인식되었음을 현지 조사 내용을 바탕으로 소개하였다.

비록 일부 사례에 불과하지만, 위의 내용을 통해 1930년대에 마을 단위로 모신 천신의 성격과 이에 기대한 기능을 일부 알 수 있는데, 현재와 비교하여 유사함을 알 수 있다.

현재 대부분의 천제당에서 기본적으로 천신을 모신다. 그런데, 태백시 함백산 절골 천제당에서는 천신과 함께 함백산 산신을 모시며,[4] 봉화군 대현리 천제당은 천신과 함께 태백산신을 모시는 사례도 있다.[5] 이들 마을에서 천신과 함께 산신을 모신 이유는 산신에 의탁하여 종교적 염원을 달성하려는 목적보다는 천신이 좌정한 천제당이 위치한 곳을 관장하는 산신을 위한 것으로 볼 수 있다.[6]

그리고 천제당에서 마을 제사를 지낼 때 천신을 모시지 않고, 성황 · 토지 · 여역신, 또는 당산할머니 · 당산할아버지 등을 모신 사례들이 있다. 삼척시 성북동, 정읍시 매정리 내당마을 사례를 보면, 마을 제사를 지낼 때 마을 제당을 천제당이라 함에도 불구하고 천신을 모시지 않고 위에서 소개한

---

3 村山智順,『部落祭』, 조선총독부, 1937, 212~224쪽.

4 김도현,「태백시 咸白山 절골 天祭堂 운영 양상과 그 성격」,『강원문화연구』28, 강원대 강원문화연구소, 2009, 133~160쪽.

5 2018년 4월 8일(음력) 필자 현지 조사.

6 이와 유사한 사례는 강릉시 옥계면 금진마을 사례에서도 확인할 수 있다.(2019년 4월 10일 현지 조사)

신령을 모셔서 마을 제사를 지낸다. 이와 같은 현상은 연결되는 여러 마을을 아우르는 천제를 지낸다기보다는 마을이 분화되면서 천제당 중심의 마을 신앙 전통이 무너진 후 천제당이 소재한 단위 마을에서 제사를 지낼 때 이와 같은 모습이 주로 나타난다. 즉, '천제당'이라 불리는 마을 신앙 공간을 단위 마을의 마을 제당, 즉 서낭당이나 당산으로 이용하였기에 이와 같은 현상이 나타난 것으로 볼 수 있다.

천제(天祭) 또는 제천(祭天)이라 불리는 하늘[天]에 대한 제의(祭儀)에서 '천신(天神)'[7]을 모신 형태를 좀 더 구체적으로 살펴보면 다음과 같이 4가지 형태로 구분할 수 있다.

첫째, 천제당에서 천신만 모시는 유형이 있다.

주로 마을에서 상당의 기능을 하거나, 하위 마을을 아우르는 중심 제당의 역할, 단위 마을 제당,[8] 비가 안 올 경우 기우를 위한 제의에서 천신을 모신 제당, 역질을 구축하기 위한 제당 등으로 기능한다.[9] 이 유형에 속하는 천제당은 주로 산 중턱에 돌담을 말굽형으로 둘러 설치하거나, 산 정상이나 그 아래, 마을 사람들이 모이는 중심 공간, 또는 하천 옆에 설치된다.

천제당이 상당 또는 중심 제당 역할을 수행하는 마을에는 천신을 모신 천제당과는 별개로 실제 마을 주민들의 종교적 염원을 관장하는 신령들을 모신 제당이 별도로 설치되어 있다. 부여군 금공리에는 천제단과 함께 산신당

---

7   김도현, 「마을 천제의 구조와 성격」, 『한국민속학』 69, 한국민속학회, 2019.

8   괴질 방지를 위해 천제를 지낸 전통이 계속 이어져서 마을 신앙으로 정착된 충북 증평 원평리 마을 사례가 이에 해당한다.(2018년 필자 현지 조사).

9   부여군 금공리, 삼척시 근덕면 초곡리, 궁촌 2리, 원덕읍 월천리, 기곡리 선의곡 갈경산, 옥원리, 울릉도 태하마을, 삼척시 내미로리, 도계읍 황조리, 늑구리 등의 마을에 설치된 천제당[천제단]이 이에 해당한다. 필자 현지 조사(2005~2018년).

〈사진1〉 충남 부여 은산면 금공리 천제단(우측 건물)과 산신당(좌측 건물)

이 있고, 삼척시 초곡리에는 천제단과 함께 서낭당과 해당이 있으며, 근덕면 궁촌 2리나 원덕읍 월천리에도 천제당과 함께 마을 서낭당이 설치되어 마을 주민들을 위한 실질적인 신앙 공간으로 기능한다.

둘째, 천제당에 천신과 산신을 함께 모신 유형이 있다.

구체적인 사례는 태백시 삼수동 절골 천제당, 태백시 백산동 번지당골 천제당, 봉화 대현리 천제당 등에서 발견할 수 있다. 이들 마을의 천제당에서 천신과 함께 모시는 산신은 제당이 위치한 주산(主山)을 관장하는 산신령이기에 모셨다. 이들 제당에서는 1년 또는 그 이상의 주기를 설정하여 정기적으로 제사를 지내는 경우가 대부분이다.

셋째, 천신과 여러 신령을 함께 모신 유형이다.

같은 생활·문화권을 형성하였던 마을들이 천제당에서의 천제를 통해 결속되어 있다가, 점차 결속력이 약해지면서 분화되는 사례들이 나타나게

〈사진2〉 강원도 삼척시 근덕면 초곡리 천제단 전경

〈사진3〉 강원도 삼척시 근덕면 초곡리 서낭당

〈사진4〉 강원도 삼척시 근덕면 초곡리 해당에 제물을 진설한 장면(2014년 초곡 단오굿)

〈사진5〉 봉화 대현리 천제당에 천신과 산신을 모신 위목(2018년)

〈사진6〉 강원도 삼척시 남양동 천제당에 천신과 함께 성황신을 모신 위패(2008년)

된다. 이 과정에서 단위 마을별로 마을 제사를 지내게 되고, 천제당이 소재하였던 마을에서는 상당인 천제당과 마을 내 중당 또는 하당의 기능을 수행한 제당이 합사되면서 이와 같은 유형이 형성된 것으로 보인다. 이에 천제당에는 천신과 함께 단위 마을 주민들이 모셨던 토지신이나, 서낭, 여역신 등을 모신다.[10] 이들 중 천신을 능가하는 신령은 없으며, 모신 신령들은 마을 내에서 요구하는 구체적인 역할을 수행하는 존재들이다.[11]

넷째, 제당 명칭은 '천제단'인데, 모시는 신령은 서낭이나 산신 등 천신으

---

10 이 유형에 해당하는 사례는 삼척시 남양동·마달동·교동 우지마을과 동해시 동호동 천제단에서의 제의에서 발견할 수 있다.

11 김도현, 「태백시 咸白山 절골 天祭堂 운영 양상과 그 성격」, 『강원문화연구』 28, 강원대 강원문화연구소, 2009, 151쪽.

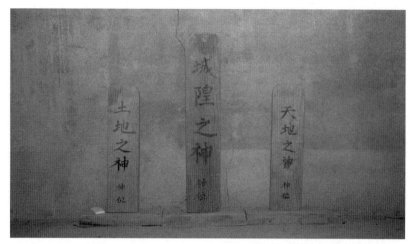

〈사진7〉 강원도 삼척시 부남 1리 서낭당에 모신 신령인 천신, 성황, 토지신(2010년)

로 이해될 수 있는 신령과는 전혀 다른 신령을 모신 유형이 있다. 원래 사회·경제적으로 연결된 여러 마을이 모여 천제를 지낸 후 각 마을별로 서낭제를 지냈는데, 마을 간 결속이 약화되면서 천제를 생략하고 각각의 마을에서 서낭제를 지내는 형태로 변동된 사례들이 나타난다. 이에 따라 천제단이 위치한 마을에서도 천제를 생략하고 마을 제의인 서낭제를 지냄에 따라, 제의 공간인 천제단에서 천신이 아닌 성황·토지·여역신 등을 모신 서낭제를 지내게 된 것이다. 구체적인 사례를 소개하면 다음과 같다.

강릉시 고봉은 신령스런 산으로 산 정상에 제사를 모시는 천제단이 있는데, 송암리 마을 사람들은 매년 10월 초정일(음력) 새벽에 제물을 준비하여 산정에 올라가 천제를 지낸다. 천제단에는 성황지신(城隍之神)·여역지신(癘疫之神)·토지지신(土地之神)을 모시고, 천제를 지낼 때 부정한 사람은 참여하지 않으며, 제물은 소머리를 쓴다. 또한 마을에 가뭄이 계속 들면 하지

〈사진8〉 강원도 삼척시 갈야산 천제단 전경(2014년)

〈사진9〉 강원도 삼척시 갈야산 천제단 마을 제사에 모신 토지신 · 성황신 · 여역신(2006년)

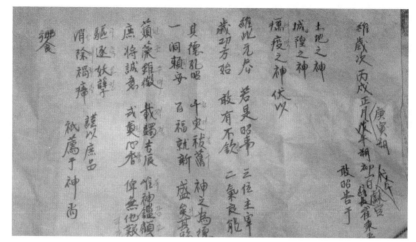

〈사진10〉 강원도 삼척시 갈야산 천제단 마을 제사 축문(2006년)

〈사진11〉 강원도 삼척시 갈야산 천제단 마을 제사 진설(2006년)

(夏至)가 지난 후에 고봉에 올라가 기우제를 지내기도 한다.[12]

강원도 삼척시 성내동 천제단은 삼척의 읍치성황사가 위치한 진산인 갈야산 중턱에 있는데, 마을 사람들은 천제단이라 부른다. 흙담을 ㄷ자형으로 쌓아 그 내부에 흙 제단을 만들었으며, 제사는 정월 초하루 자시에 지낸다. 축문에 따르면 모시는 신령은 성황지신(城隍之神)·여역지신(癘疫之神)·토지지신(土地之神)이며, 제수는 떡 3시루·소머리·해물·전·삼실과 각 3그릇·제주 3단지이다.[13]

마을 천제의 주요 기능을 중심으로 좀 더 구체적으로 천제의 성격을 정리하면 다음과 같다.

첫째, 중심 마을에 있는 천제당에서의 천제는 상호 연결성이 있는 여러 하위 마을 주민들을 아우르는 구심체 역할을 한다.

강원도·경상도를 비롯하여 많은 마을에서 큰서낭당·도서낭당·대서낭당 등의 명칭을 지닌 마을 제당들이 있다. 이것은 제당이 위치한 마을이 인근 마을의 중심지 역할을 하여 큰서낭당에서 마을 제사를 지낸 후 하위 마을에서 마을 제사를 지내는 상하 위계를 보여주는 사례이다. 천제당은 이와 같이 여러 하위 마을 주민들을 아우르는 중심 제당 역할을 하여 같은 생활권 또는 문화권에 속한 하위 마을들이 천제를 통해 결속을 다질 수 있는 계기를 마련한다.

이와 같은 역할은 오랫동안 지속되기도 하지만 주변 상황의 변화에 의해 그 위상이나 역할이 변동되기도 한다. 즉, 그 위상을 계속 유지하는 사례도 있지만, 이들 간의 관계성이 약화되어 천제당이 소재한 마을에서 천제당이

12 김경남, 『강릉의 서낭당』, 강릉문화원, 1999, 69~71쪽.
13 필자 현지 조사(2007년 1~2월).

상당의 기능을 하는 사례가 있다. 이에 따라 실제 마을 주민들이 요구하는 종교적 기능은 서낭이나 당산할머니 등이 수행한다. 천제당의 기능이 약화되어 천제당에서 하위 마을 단위로 설행하는 서낭고사 또는 당산제만 행해지는 사례들도 많이 나타난다. 천제 중심의 마을 간 결속력이 약화되어 천제당에서 천제가 사라지고, 하위 마을 단위의 마을 제사만 명맥을 유지하는 정읍시의 내동마을·삼척시 성북동 등의 사례를 통해 알 수 있다.

둘째, 가뭄이 들면 기우제를 지내는데, 천제단이 기우제장으로 기능하여 여기서 모시는 천신이 가뭄 해소에 도움을 준다고 믿는 사례들이 있다.

농촌에서 비가 안 내려 한발(旱魃)의 피해가 극심해지면 기우제를 천제단에서 지내기도 하였는데, 이를 '천제(天祭)'로 여기는 마을들 중 대표적인 사례를 삼척시 가곡면 동활리에서 확인할 수 있다.

셋째, 역병이나 소 전염병 등이 창궐하면 악질을 구축하려는 염원을 담은 마을 천제를 지내기도 한다.

이와 같은 염원을 담아 천제를 지낸 사례는 삼척시 미로면 내미로리 천제에서 확인할 수 있다. 이 마을에서는 소가 병이 들어 죽고, 마을 청년들이 다수 자살하는 등 우환이 끊이지 않자, 마을 내 천제봉에서 10년에 한 번씩 소를 희생으로 하여 날을 받아 천제를 지냈다. 이후 마을의 우환은 사라졌으나, 그 전통은 계속 이어지고 있다.[14]

위 사례 이외에도 충북 진천 금한동 천제,[15] 전남 여수시 화정면 개도리

---

14 김도현, 「삼척시 내미로리 天祭」, 『종교학연구』 32, 한국종교학연구회, 2014, 54~68쪽.
15 충북 진천 금한동 천제 사례를 보면 역질 구축을 위해 천제를 지냈음이 축문에 잘 나타나 있기에 소개하면 다음과 같다.
   〈… 覆印載印 恐有癘氣 延我東鄕 自遠及近 人多死亡 黎元憂悶 勞心焦腸 食不甘味 寢不安床 閭里齊聲 陳禮薦香 用伸虔告 崇酒于觴 悠悠昊天 曰我爺孃 庶幾監臨 俾無愆殃 憐

〈사진12〉 전북 정읍 웅동면 매정리 내동마을 당산 전경

〈사진13〉 전북 정읍 웅동면 매정리 내동마을 당산 내 제단

〈사진14〉 전남 여수 화정면 개도리 천제단 전경

〈사진15〉 전남 여수 화정면 개도리 천제당 내 편액과 모신 신령

〈사진16〉 경북 울진군 서면 쌍전리 대봉전(大鳳田) 마을 천제단

화개산 천제단에서의 제의, 울진 북면 쌍전리 독미산 천제당에서의 제의 등을 비롯하여 전국적으로 많이 발견된다. 구체적으로 소개하면 다음과 같다.

전남 여수시 화정면 개도리 화산 천제는 일제강점기 때부터 시작되었다. 일제강점기에 이 마을에는 군마(軍馬)를 키우는 목장이 있었는데, 군마가 병이 들어 죽으면 그 책임을 마을 사람들에게 물었다. 이에 주민들은 정신적·신체적 위해(危害)를 피하기 위해 군마가 병이 들지 않기를 바라는 마을 제사를 지내게 되었다고 한다. 현재는 농사와 바다일이 잘되고 마을 주민들의 안녕을 위해 하늘에 제사를 모신다고 한다.[16]

我愚悃 聽我勤禳 明命是降 赫威斯揚 驅除虐癘 呵禁不詳 廓淸山川 安妥吾方 壽域和風 民物永昌 尙饗〉

16 나경수, 「개도리 화산 천제」, 『디지털여수문화대전』(http://yeosu.grandculture.net/

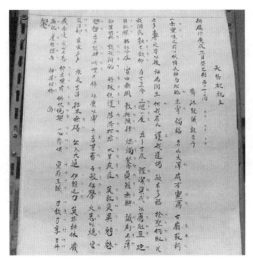

〈사진17〉 경북 울진군 서면 쌍전리 대봉전(大鳳田) 마을 천제 축문

쌍전리 동제는 울진군 서면 쌍전리의 덕거리(쌍전 1리) 대봉전(大鳳田)마을 앞 독미산에 있는 천제당(天祭堂)에서 3년에 한 번 음력 정월 14일 자시(子時)에 마을의 태평무사와 풍농을 기원하기 위해 천신(天神)에게 지내는 마을 제의이다. 쌍전리에서 전해 오는 '천제당 이야기'를 보면 예정된 날에 제를 모시지 않으면 마을에 돌림병이 돌거나 흉년이 든다는 이야기가 전한다. 이 때문에 쌍전리 주민들은 태평무사와 풍농(豐農)을 기리고 재앙이 없기를 기원하는 마을 제사를 3년에 한 번이라도 지내고 있다.[17]

GC01302265)

17 김도현, 「쌍전리 동제」, 『디지털울진문화대전』(http://uljin.grandculture.net/
GC01801358)

제2장

마을 천제 전승 양상

마을 천제는 천제당의 위치·형태·제의 일시 등 다양한 기준을 설정하여 전승 양상을 살펴볼 수 있는데, 소개하면 다음과 같다.

　천제당의 위치를 중심으로 살펴보면 5가지 유형으로 구분할 수 있다.

　첫째, 태백산 줄기가 끝나는 능선의 아래쪽에 위치한 유형이 있다. 이 유형은 태백산 천제단이나 태백산과의 관련성을 중시하는 이야기가 전해지면서 태백산 줄기가 끝나는 능선의 아래쪽이나 마지막 능선에 위치한다. 대표적인 사례는 신기면 대평리 천제단과 근덕면 궁촌 2리 천제단, 초곡리 천제단, 원덕읍 월천 3리 가곡산에 있는 천제단, 미로면 내미로리 천제단, 동해시 동호동 천제단, 삼척시 남양동 천제당, 갈야산 천제단, 마달동 천사단, 교동 우지마을 서낭당 등을 들 수 있다.

　이 유형에 해당하는 천제당은 대부분 마을 신앙을 운영하는 데 상당의 역할을 하거나 마을 신앙의 처소가 한 곳인 경우에 속한다. 이에 매년 천제를 지낸다. 그리고 제당 내에 모시는 신령의 기능은 주로 마을 전체의 안녕과 풍요를 기원하는 일반적인 기능을 수행한다.

　둘째, 천제당으로 불리는 제당이 하천 옆이나 하천 중간에 형성된 섬 내부에 위치한 유형이 있다. 이에 해당하는 것은 전남 호계리 별신제(천제)를 지내는 임시 제단, 삼척시 원당동 천제를 지내는 임시 제단, 노곡면 하월산

〈사진18〉 강원도 삼척시 대평리 천제단

〈사진19〉 강원도 삼척시 원덕읍 월천 3리 천제단(2013년)

<사진20> 전남 장흥 호계리 천제단 전경(2020년)

리 천제단, 가곡면 동활리 천제단, 가곡면 풍곡리 덕품 천제단, 태백시 삼수동 절골 천제당 등이다.

이 유형의 천제당에서는 매년 정기적으로 마을 제사를 지내는 사례와 함께 기우제당으로 기능하는 사례도 있다. 이에 가뭄이 심하게 들면 기우를 위한 천제가 비정기적으로 열린다.

셋째, 천제당이 산 중턱쯤에서 계곡물이 Y자로 만나는 곳 내부에 위치한 유형이 있다. 태백시 번지당골 천제당과 통동 시릉산 천제당이 이에 해당한다. 도계읍 상덕리에 있는 죽암산 산령각도 이와 유사한 위치에 있는데, 이 지역의 산신당이 위치한 곳과 유사하다. 마을 신앙의 구조에서 주로 상당의 역할을 하는 곳이다.

넷째, 산 중턱에 위치하여 마을을 내려다보는 위치에 있는 유형이 있다. 이 유형에는 근덕면 초곡리 천제단, 삼척시 갈야산 천제단, 마달동 천사단,

〈사진21〉 전남 장흥 호계리 천제단 근경(2020년)

〈사진22〉 강원도 태백시 백산마을 천제당 전경

〈사진23〉 강원도 삼척시 근덕 선흥마을 천제단 전경

교동 우지마을 서낭당, 신기면 대평리 천제단, 근덕면 궁촌 2리 선흥마을 천
제단, 동해시 동호동 천제단이 이에 해당한다. 이 제당들은 대부분 마을 신
앙의 전개에서 상당의 역할을 하며, 마을 신앙의 처소가 한 곳인 경우 함께
모시는 신령 중 최고의 신령으로 여겨지는 천신을 모신 제당들이다. 이에
매년 천제를 지내며, 마을 전체의 안녕과 풍요를 기원하는 일반적인 기능을
수행한다.

　다양한 사례 중 삼척 선흥마을 사례를 소개하면, 2개의 마을로 구성된 선
흥마을에는 각각의 마을에 서낭당이 있고, 공동으로 위하는 천제단이 있기
에 마을에 제당이 3개(천제단, 윗서낭당, 아랫서낭당)가 있다. 제사는 정월 대
보름과 10월 초하루에 지낸다. 제사를 지낼 때 천제단에서 천제를 먼저 지
낸 후 윗서낭과 아랫서낭에서 연이어 지낸다.

　제사는 정월에 서낭고사를 지내고 오월에 단오굿을 한다. 정월에는 날을

〈사진24〉 강원도 삼척시 선흥마을 천제를 위해 진설한 제수(2014년)

〈사진25〉 강원도 삼척시 선흥마을 천제에서 참여한 주민들이 함께 절을 함(2014년)

〈사진26〉 강원도 삼척시 원덕읍 호산리 해망산 천제단 전경

받아서 하는데, 마을에서 생기를 볼 수 있는 사람이 있을 경우 제관들이 제일과 생기를 조정하는 과정에서 매해 날짜의 변동이 있을 수 있어서라고 한다.

제일 일주일 전에 서낭당 청소를 하고 황토를 펴고 금줄을 친다. 도갓집에도 같은 날 금줄을 친다. 구체적인 제의 과정은 '천제 → 서낭당제사 → 수부 제사 → 객귀 물림 → 결산 보고 및 마을 주민 음복'의 순으로 진행한다.

다섯째, 산 정상부에 위치한 유형이 있다. 이 유형은 천제봉이라 불리는 산 정상이나 그 아래에 천제당이 주로 위치한다. 대표적인 사례는 미로면 내미로리, 도계읍 한내리, 산기리 샛골, 황조리, 늑구리, 원덕읍 기곡리 선의곡, 호산 해망산, 옥원리, 이천 1리 등에서 발견할 수 있다. 이에 해당하는 천제당 중 일부는 마을의 제당 중 상당으로서의 위상을 지니고 있으며, 역질을 구축하기 위해 천제를 지내는 사례도 있으나, 대부분 가뭄이 들면 비

（사진27） 강원도 삼척 근덕면 초곡리 천제단 전경

정기적으로 비를 기원하기 위해 천제를 지내는 성소(聖所)이다.

위와 같은 위치에 자리한 천제당은 일반적으로 다음과 같이 3가지 형태로 나타난다.

첫째, 산 능선에 돌담을 두른 형태이다. 이 유형은 산 중턱이나 정상에 말발굽형 돌담을 두르고, 그 내부에 제단을 설치한 형태이다. 태백산 천제단과 장군단도 이에 해당하는 형태인데, 전라북도 고창군 주산리 대실마을 천신당터, 고창군 도산리 천제단, 삼척시의 성북동 갈야산 천제단, 마달동 천사단, 우지마을 서낭당, 가곡면 풍곡리 덕품 천제단, 원덕읍 이천리 천제단, 근덕면 초곡리 천제단, 동해시 동호동 천제단 등이 이에 해당한다. 이들 천제단 중 강가나 산 정상부에 위치한 곳에서는 비가 안 오거나 역병이 창궐하면 날짜를 정하여 비정기적으로 천제를 지냈다. 그러나 산 중턱의 능선에 위치하여 돌담을 두른 천제당은 대부분 정기적으로 날짜를 정하여 천제를

48 | 한국의 마을 천제(天祭)

<figcaption>〈사진28〉 전북 고창군 도산리 천제단</figcaption>

지내거나 마을 제사를 지낸 곳이다.

둘째, 당집 형태이다. 천제단은 하늘과 통하기에 지붕이 있는 제당이 없다는 주장도 있으나, 실제 현지에서의 사례를 조사해 보면 당집 형태도 다수 발견된다. 충남 부여군 금공리 천제단, 부산시 남천동 천신각, 삼척시 남양동 천제당, 태백시 통동 시릉산 천제당, 백산동 번지당골 천제당, 삼수동 절골 천제당 등은 당집 형태로 세워져 있다. 대부분의 천제당은 지붕이 없는 형태인데, 위에서 소개한 당집 형태의 천제당 또한 당집을 짓기 전에는 돌담을 두른 형태였다. 현재 당집 형태의 천제당은 대부분 마을의 상당이거나 중심 제당으로서 매년 제사를 지내는 곳이다.

셋째, 하천 옆에 임시 제단을 가설한 유형이 있다. 이 유형에는 전남 장흥군 호계마을·삼척시 원당동·노곡면 하월산리 사례가 해당되며, 영월 외무릉리에서도 강변에 임시 제당을 설치하여 천제를 지냈다. 호계마을 조사

〈사진29〉 부산시 수영구 남천동 천신각 전경

사례를 참고한다면 가장 깨끗한 곳에 최고의 신령인 천신을 모셔야 한다는 정성을 담아, 그리고 아무리 가물어도 물이 마르지 않는 장소 부근에 설치하여 기우제장으로도 활용될 수 있기에 이곳에 천제단을 설치하였다고 볼 수 있다.

마을에서 천제를 지내는 시기를 보면 대부분의 마을에서 정월 초하루나 정월 대보름 자시에 천제를 지낸다. 1년을 새롭게 시작한다는 의미에서 이 시기에 지낸다고 볼 수 있다. 이와는 달리 태백시 솔안마을과 백산마을에서는 음력 3월 중, 봉화군 대현리에서는 음력 4월 8일 오시, 삼척시 내미로리에서는 봄에 날을 받아서 지내며, 충북 진천 금한동에서는 11월에 천제를 지낸다.

새해를 시작하면서 천제를 지내는 마을은 1년을 새롭게 시작한다는 의미에서 부정이 끼어들 여지를 없애기 위해 주로 정월 초하루 자시(子時)에 지

〈사진30〉 전남 강진군 강진읍 남포마을 가설 천제단

낸다. 이와는 달리 음력 3월이나 4월 등 정월이 아닌 시기에 날짜를 정하여 천제를 지내는 마을들은 천제당이 있는 마을과 같은 경제·사회 권역에 속한 하위 마을들을 구성하는 주민들 간의 소통과 화합을 위해 천제를 지내고, 이후 천제당 앞이나 마을 공동 공간에 모여 마을 잔치를 여는 사례가 많다. 이를 위해 천제를 지내는 마을에서는 소나 돼지를 희생으로 올린 후 이를 마을 주민들이 나누어 먹으며 단합을 다진다.

그리고 가뭄이 들어 비를 기원하기 위해 기우제를 지내거나, 역질을 구축하기 위해 비정기적으로 천제당에서 천제를 지내야 한다면 좋은 날을 받아서 지낸다. 참고로 기우를 위한 제사는 사람이 마실 물조차 구하기 어려운 시기가 되면 좋은 날을 받아서 천제를 지낸다.

마을 천제를 천제당의 위치와 형태, 그리고 제의 일시 등을 기준으로 전승 양상을 살펴보면 위와 같은데, 마을 천제의 위상, 천신과 함께 모신 신령과의 관계와 종교적 기능 등을 중심으로 천제 중심의 마을공동체 신앙 구조를 분류하면 다음과 같다.

첫째, 상당에서의 제의로 기능하는 천제가 있다.[1]
천신을 상당신으로 모신 유형은 마을 신앙 구조가 상당과 하당, 또는 상·중·하당으로 구분되어 마을 제사를 지내는 마을에서 최고 신령인 천신을 상당인 천제당(천제단)에 모신 사례가 이에 해당한다.
둘째, 연결성이 있는 하위 마을들을 관장하는 마을 신앙 구심체로 기능하는 천제가 있다.
하위 마을들을 모두 아우르는 구심체 기능을 하는 중심 마을의 천제당은 관련 마을들을 대표하는 제당이다. 이에 하위 마을 대표들이 천제당에 모여서 마을 천제를 지낸 후 하위 마을 단위로 마을 제사를 지내기에 상하 위계를 보여주는 유형이다.
셋째, 다른 신령들과 함께 좌정하여 단위 마을을 위한 마을 신앙으로 기능하는 천제가 있다.
개별 마을에 위치한 천제당에서의 마을 제의 사례를 살펴보면, 천신(天神)만을 모신 마을도 있지만, 단위 마을에서 천신을 주신(主神)으로 모시고 개별 기능을 담당하는 산신·성황신·여역신 등을 함께 모신 사례들이 있다. 이와 같은 현상은 마을이 분화되면서 천제당 중심의 마을 신앙 전통이 무너진 후 이곳을 단위 마을의 제당으로 이용하는 과정에서 나타난 현상으

---

1 마을 내에서 천신을 상당에 모신 사례는 유형은 삼척시 신기면 대평리, 원덕읍 월천 3리, 원덕읍 호산리, 근덕면 초곡리, 근덕면 궁촌 2리, 근덕면 교가 2리 제동 마을 등에서 발견된다.

로 볼 수 있다.

넷째, 매년 또는 일정 기간에 한 번 기우 또는 역질 구축을 위해 지내는 천제가 있다.

가뭄이 들면 기우제를 지내는 사례가 많은데, 이를 기우제 또는 천제라고 한다. 즉, 농촌에서 비가 안 내려 한발(旱魃)의 피해가 극심해지면 기우제를 천제단에서 지내기도 하였는데, 승주군 장기마을·삼척시 동활리를 비롯하여 많은 마을에서 이를 '천제(天祭)'라 하였다. 이를 통해 천제당이 기우를 위한 제당의 역할도 하였음을 알 수 있다.

다섯째, 상당과 하당으로 구분되는 마을 제의 중 하당 제의인 거리고사에서 상위 신령으로 모시는 천신을 위하는 유형이 있다.

삼척 하월산리 마을 제의 중 거리고사에서 상당신으로 천신을 모신 사례가 이에 해당한다.

제3장

제의(祭儀) 구조와 성격 *

* 이 글은 다음에 수록되었다. 김도현, 「마을 천제의 구조와 성격」, 『한국민속학』 69, 한국민속학회, 2019.

1. 천제 중심의 마을공동체 신앙 구조

마을의 지리·지형적 요소와 문화 전통, 경제 여건, 교류 환경, 구성원들의 성향과 구성 형태가 마을별로 다르다. 이에 천신을 모신 전통이 있는 마을들이라도 그 운영 형태나 추구하는 기능 등이 매우 다양하다.

마을 천제의 위상, 천신과 함께 모신 신령과의 관계와 종교적 기능 등을 중심으로 천제 중심의 마을공동체 신앙 구조를 분류하면, 상당에서의 제의로 기능하는 천제·마을 신앙 구심체로 기능하는 천제·다른 신령들과 함께 좌정하여 단위 마을을 위한 마을 신앙으로 기능하는 천제·매년 또는 일정 기간에 한 번 기우 또는 역질 구축을 위해 지내는 천제·상당과 하당으로 구분되는 마을 제의 중 하당 제의인 거리고사에서 상위 신령으로 모시는 천신을 위하는 유형으로 구분할 수 있다. 구체적으로 소개하면 다음과 같다.

먼저 상당에서의 제의로 기능하는 천제가 있다. 천신을 상당신으로 모신 유형은 마을 신앙 구조가 상당과 하당, 또는 상·중·하당으로 구분되어 마을 제사를 지내는 마을에서 최고 신령인 천신을 상당인 천제당(천제단)에 모신 사례가 이에 해당한다. 구체적인 사례를 소개하면 다음과 같다.

함경남도 정평에서 매년 3월과 9월 초정일(初丁日) 또는 초해일에 동제를 지낸다. 모시는 신령은 천신과 지신인데, 배신(配神)으로 천신(天神)에게 산

〈사진31〉 제주도 북제주군 구좌읍 행원리에서 천신을 모신 제당

〈사진32〉 제주도 북제주군 구좌읍 행원리 포제(2019년)

신(山神), 지신(地神)에게 성황신(城隍神)·역신(疫神)을 모신다. 제일(祭日) 아침에 산신을 위한 소제를 지낸 후 저녁에 주민 각호에서 마련한 제상을 갖춰 각 호주가 참여하여 성황과 역신을 위한 육제를 지낸다.[1] 즉, 천신(天神)을 상당신으로 모신 형태의 동제임을 알 수 있다.

북제주군 구좌읍 행원리에서는 매년 정월 초해일(初亥日)에 마을 제사를 지내는데, 모신 신령은 천신(天神), 포신(酺神), 해신(海神)이다. 이 중 가장 먼저 올리는 제의는 천신을 모신 천제인데, 상당신제로 여긴다. 이후 포제단에서 포신을 위하고, 아랫당에서 해신을 모신다.[2]

삼척시 원덕읍 월천 3리 사례를 소개하면, 천제당(天祭堂)이 주로 마을 제사를 지낼 때 가장 격이 높은 대상으로서 치제(致祭)되거나 개인적으로 어업에 종사하는 사람들을 중심으로 풍어를 기원하는 대상물로 치제되며, 부수적으로 간수 단지를 통해 풍흉을 점치는 등의 3가지 기능을 동시에 지니고 있다.

제수를 준비할 때 천제당 제물에 가장 많은 정성을 기울이는데, 생선·과일 등에서 할아버지당과 할머니당을 비교하여 가장 좋은 것을 올린다고 하였다. 그리고 전체적인 제의 과정은 천제당에서 제사를 지낸 후에 팽나무를 신목으로 한 할아버지당과 바닷가에 있는 할머니당에 가서 제사를 지내며, 예전에는 마지막 절차로 바닷가에서 용왕제를 지냈다고 한다.[3]

신기면 대평리에서는 '천제당→서낭당', 근덕면 교가 2리 제동마을에서는

1 村山智順, 『部落祭』, 조선총독부, 1937, 64~65쪽.
2 강정식, 「신앙·전설 유적」, 『북제주군의 문화유적(Ⅱ)−민속−』, 북제주군·제주대학교박물관, 1998, 41~42쪽.
3 김도현, 「강원도 영동 남부지역 고을 및 마을 신앙」, 고려대학교 박사학위논문, 2009, 111쪽.

〈사진33〉 강원도 삼척 원덕읍 월천 3리 천제단에서의 천제(2013년)

〈사진34〉 강원도 삼척 원덕읍 월천 3리 할아버지당 전경(2013년)

〈사진35〉 강원도 삼척 원덕읍 월천 3리 할머니당에서 소지를 올림(2013년)

‘천제→용왕제’의 순으로 제사를 지내는데, 천제당을 상당으로 여겨 가장 큰
정성을 드린다. 이에 비해 인근의 원덕읍 호산리 해망산 천제단에서는 ‘천
제단→할아버지당→할머니당’의 순으로 제사를 지내는데, 여기에서는 할아
버지당에 가장 많은 정성을 드린다. 이와 유사한 사례는 도계읍 무건리의
‘천제→성황제’, 근덕면 초곡리의 ‘천제→성황제사→수부신 위함’과 근덕면
궁촌 2리에서의 ‘천제→윗서낭제→아랫서낭제’에서도 발견할 수 있다. 이
들 마을에서도 천제당을 상당으로는 여기고 있으나, 실제 마을의 안녕과 풍
요를 위하여 성황신을 더 중요하게 여기고 있다.[4] 삼척 초곡리 사례를 좀 더
자세하게 소개하면 다음과 같다.

---

4 김도현, 「강원도 영동 남부지역 고을 및 마을 신앙」, 고려대학교 박사학위논문, 2009,
   111~112쪽.

초곡 1리에는 천제당(天祭堂)·성황당(城隍堂)·해신당(海神堂)이 있으며, 1년에 세 번, 매년 음력 정월 보름·음력 5월 단오·동짓달 초사흗날 새벽 1시경에 마을 제사를 지낸다. 이 중 음력 정월 보름에 지내는 마을 제사를 '대고사'라고 하며, 음력 5월 단오굿이 있을 때에는 통돼지를 도살하여 제물로 올린다. 동짓달 초사흗날 지내는 마을 제사는 특별히 '성황님 생신'으로 불리는데, 이는 성황당을 처음 상량한 날짜에 제사지내던 것이 '성황님 생신' 마을 제사로 내려온 것으로 추측된다.

천제당은 마을의 담방산에 자리하고 있으며, 성황당은 마을 서쪽에 위치하고 해신당은 마을 동쪽 바닷가에 자리하고 있다. 원래 당집은 현재 위치에서 서쪽 방향으로 10미터 정도 위쪽에 있었다고 한다.

성황당은 해신당보다 먼저 제를 올린다고 해서 '윗성황당'이라고도 하며 해신당은 '아랫성황당'이라고 불린다. 마을 사람들은 성황신 내외분을 '성황 할아버지, 성황 할머니'라고 부르고 있으며 "성황님께 치성 드린다."라고 이야기한다. 지금까지 한 번도 마을 제사를 거른 적이 없으며, 일제강점기 당시에도 촛불만 켜 놓고 조용히 제사를 지냈다고 한다.

마을 제사를 지내기 위해 성황당에 올라가면 먼저 천신제를 지내기 위한 상을 차린다. 예전에는 자정 무렵에 직접 천제당에 올라가서 치성을 드렸으나, 이곳으로 새 길이 생기고 천제당으로 올라가는 길목이 끊어지면서 현재는 성황당 안에서 천신제를 지내고 있다.

먼저 천제당을 향해서 상을 차리고 제물을 진설하는데, 천제당이 있는 곳을 향해서 천신제를 지내는 것을 '망제(望祭)'라고 한다. 제수는 참외·배·곶감·대추·밤·사과·수박·명태포·계란·두부·우럭·가자미가 올라가며, 돼지 오른쪽 갈비와 오른쪽 다리 삶은 것·탕·메·삼실과 그리고 시루가 통째로 올라간다. 그러나 천신에게 올리는 제사상에는 돼지머리를

〈사진36〉 강원도 삼척 근덕면 초곡리 마을 제의 중 천제단을 향해
천제를 지내기 위해 진설한 제물(2011년)

〈사진37〉 강원도 삼척 근덕면 초곡리 마을 제의 중 천제단을 향해 천제를 지낸 후 소지를 올림(2004년)

〈사진38〉 강원도 삼척 근덕면 초곡리 마을 제의에서 서낭을 위하는 장면(2011년)

〈사진39〉 강원도 삼척 근덕면 초곡리 마을 제의 중 해당에서 신령을 위함(2011년)

〈사진40〉 강원도 삼척 도계읍 점리 천제단

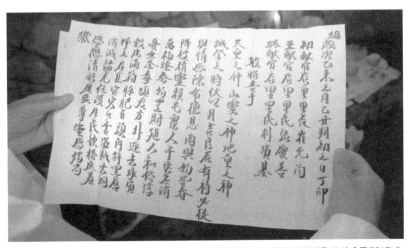

〈사진41〉 강원도 삼척 도계읍 점리 천제에서 천신·산령·토지신을 모신 축문(2015년)

올리지 않는다. 천신제는 마을을 수호하는 '성황신'보다 상당신으로 먼저 의례를 행하게 된다. 천신제가 끝나면 곧바로 성황제를 지내기 위한 상을 차려서 새벽 1시경 성황제를 지낸다. 성황제를 지낼 때에는 원래 도가 계장이 축문을 읽었다. 그러나 약 15년 전부터 축문을 읽을 만한 사람이 없어 그후로 읽지 않게 되었다고 한다. 수부당 앞에도 많은 제물을 올렸으나, 최근에는 술과 안주(두부)만 올려놓고 간단히 예만 갖춘다. 이후 해신당에 가서 간단하게 위한다.

제사가 끝나면 천제당에 올린 제물은 내리며 성황당의 제물은 그대로 놓아둔다. 그리고 성황당 밖으로 객귀를 물리기 위해 제물의 일부를 떼서 객귀에게 헌식한다. 상에 올린 시루떡과 제주로 음복하고 제사를 끝마치며, 제기(祭器)는 마을회관 창고에 보관해 둔다.

둘째, 관계성이 있는 하위 마을들을 관장하는 마을 신앙 구심체로 기능하는 천제이다. 하위 마을들을 모두 아우르는 구심체 기능을 하는 중심 마을의 천제당은 관련 마을들을 대표하는 제당이다. 이에 하위 마을 대표들이 천제당에 모여서 마을 천제를 지낸 후 하위 마을 단위로 마을 제사를 지내기에 상하 위계를 보여주는 유형이다. 구체적인 사례를 소개하면 다음과 같다.

삼척시 도계읍 점리에서는 하위 마을 전체를 관장하는 천제단에서 3년 주기로 마을 천제를 지내며, 각각의 단위 마을에서는 매년 서낭제를 지낸다. 점리에서 천제를 지낼 때 모시는 신령은 천신과 '산신·지신'이다.[5]

태백시 백산동 번지당골 천제당과 솔안마을에서는 격년제로 돌아가며

---

5 필자 현지 조사(2011년).

〈사진42〉 강원도 삼척 점리 천제에서 제관과 참여 주민들이 절을 함 (2014년)

마을 천제를 지낸다. 즉, 2018년에 솔안마을에서 천제를 지내면 백산마을 대표들이 참가하고, 2019년에 백산마을에서 천제를 지내면 솔안마을 대표들이 참가하는 형태이다. 백산마을과 솔안마을이 같은 생활권으로 연결되어 이들 마을들을 아우르는 천제를 매년 지냈는데, 마을이 분화되면서 이와 같은 형태로 천제를 지내게 된 것으로 여겨진다.[6] 강원도 삼척시 도계읍 점리에서도 점리에 속한 하위 마을 주민들이 모여 천제를 지낸 후 각각의 마을에서 서낭제를 지냈다.

진천군 대문리에 속한 하위 마을은 상수문·중수문·하수문인데, 이들 마을 각각에는 천신과 산신을 각각 모시는 제단이 있었다. 이에 매년 정월

6　필자 현지 조사(2015~2018년).

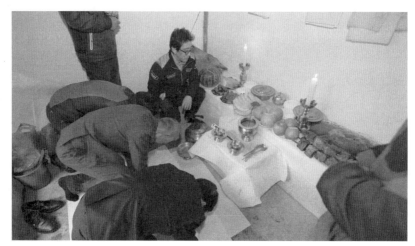

<사진43> 강원도 태백 솔안마을 천제 지내는 전경 (2018년)

초에 마을 제사를 지낼 때 각 마을마다 천신을 먼저 모신 후 그 아래의 산신단에서 산제를 지냈다고 한다. 3개 마을을 아우르는 천제를 중수문에서 지내다가 마을들이 분화되면서 다른 지역 사례와는 달리 천제를 지낸 전통을 단위 마을에서도 계속 유지한 사례로 볼 수 있다.[7]

이에 해당하는 천제당은 같은 생활권 또는 문화권에 속한 하위 마을들이 천제를 통해 결속을 다질 수 있는 계기를 마련한다. 이 유형에 속한 천제 중 천신과 함께 산신을 모신 사례도 있다. 그 이유는 산신에 의탁하여 종교적 염원을 달성하려는 목적보다는 천신이 좌정한 천제당이 위치한 곳을 관장하는 산신을 위한 의례로 볼 수 있다. 이와 관련한 사례를 소개하면 다음과

---

7   현재 상수문, 중수문, 하수문 마을에서 마을제사를 지내지 않고, 그 흔적만 남아 있다. 필자 현지조사(2018~2019년).

〈사진44〉 충북 진천군 하수문리 천제단과 산신단 전경

〈사진45〉 충북 진천군 하수문리 천제단 전경

같다.

태백시 삼수동 절골 천제당의 원래 자리는 절골 입구 철로로부터 약
2.8km 지점의 하천 오른쪽 옆 바위 밑에 있었으며, 이때 작은 건물의 형태
로 있었다고 한다. 이후 이곳 옆에 퇴적물이 쌓여 형성된 섬 입구 자락으로
옮겼다. 처음에는 능애집이었으나 1967년 3월 주민들이 루핑집으로 개조하
였다고 한다. 이때는 천제당 주변에 신목(神木)이 우거져 있었고, 그 앞으로
맑은 내가 흘렀다고 한다.

이후 1970년대 들어 정부에서 새마을운동을 하면서 각 마을에 있는 마을
제당을 없애는 정책을 취함에 따라 건물이 헐리게 되었다. 건물이 헐렸음에
도 불구하고 마을 주민들은 이곳에서 매년 삼월 삼짇날 당제를 거행하였다.
천제당이 원래 있던 자리에는 지금도 개인적인 치성을 올리기 위해 찾아오
는 사람들이 있다.

1967년에 조사한 내용을 보면 내부에 당신도(堂神圖)가 둘려 있고, 간단한

〈사진46〉 제주시 북제주군 조천면 선흘리(善屹里) 천제동산 아래에 설치된 포제단에서
포제를 지내는 장면(2019년)

제단이 있었으며, 신목(神木)으로 높이 14m, 둘레 3m의 소나무 1본(本)이 있었다고 한다. 이때도 당 이름은 천제당이었다. 현재의 위치에 있는 천제당은 기와를 올린 맞배지붕이고, 가로 395cm, 세로 336cm, 높이 330cm 크기의 정면 1칸, 측면 1칸 규모로 만들어진 제당이다. 제당 내부에는 나무판자로 만든 제단이 있고, 제단 정면에 '상천 신위', '함백산신령위'라 적힌 신위를 두고 각각의 신위 오른쪽에 명주실과 한지를 걸어 두었다.[8]

셋째, 다른 신령들과 함께 좌정하여 단위 마을을 위한 마을 신앙으로 기능하는 천제이다. 개별 마을에 위치한 천제당에서의 마을 제의 사례를 살펴보면, 천신(天神)만을 모신 마을도 있지만, 단위 마을에서 천신을 주신(主神)으로 모시고, 개별 기능을 담당하는 산신·성황신 또는 여역신 등을 함께 모신 사례들이 있다. 이와 같은 현상은 마을이 분화되면서 천제당 중심의 마을 신앙 전통이 무너진 후 이곳을 단위 마을의 제당으로 이용하는 과정에서 나타난 현상으로 볼 수 있다. 이와 관련한 사례를 소개하면 다음과 같다.

1967년에 조사한 자료에 따르면, 북제주군 조천면 선흘리(善屹里)에서 매년 정월 초해일(初亥日) 마을 동쪽에 있는 천제동산에 있는 천제당에서 마을 수호를 기원하며 동제를 지냈다. 제당 명칭이 천제당이므로 천신을 모신 사례로 볼 수 있다. 현재 제단을 천제동산 아래로 이전하였고, 제단 명칭을 포제단이라 하여 포신과 토지신을 모신 포제를 지내는 형태로 변동되었다.[9]

동해시 동호동 10통 2반과 4반의 마을 제당으로 기능하는 천제단은 동호

---

8   김도현, 「태백시 咸白山 절골 天祭堂 운영 양상과 그 성격」, 『강원문화연구』, 강원대 강원문화연구소, 2009, 141~143쪽.
9   『한국의 마을제당(전라남도·제주도편)』, 국립민속박물관, 2002, 900쪽.
    필자 현지 조사(2018~2019년).

동 골말에서 매년 동호동 대동회가 주관하여 음력 섣달 그믐날 아침부터 도가와 제관 그리고 집사늘이 천제단 내 공터에서 희생(犧牲)인 돼지를 잡아 부위별로 해체한 후 피제사를 지내고, 제수를 준비하여 밤 12시가 지나면 천제를 지낸다.

예전에는 밤하늘의 별 중 북두칠성의 물을 담는 쪽에 길게 비스듬히 늘어선 세 쌍의 별이 일직선으로 일치하면 '삼태가 올랐다'고 하여, 이때 제사를 지내기 시작하였고 제사를 마치면 첫닭이 운다고 하였다.[10]

마을 제당에는 천제단과 서낭당이 있었다고 전하는데, 1967년 조사 자료[11]에 의하면 '천제당'이라 불린 당이 상당과 하당, 총 2곳이 발한 5리 즉, 지금의 동호동 골말에 있었다고 기록되어 있다. 마을 주민들도 마을 고사를 지낼 때, 천제당을 상당으로 여기고, 서낭당을 하당으로 여겼다고 기억하는 것으로 보아 1967년에 조사된 동호동 제당 자료는 현존하는 천제단에 관한 기록으로 볼 수 있다.

이 중 상당으로 불린 천제당은 마을의 북쪽에 해암(海巖) 동쪽 방향으로 있었다. 돌담으로 둘린 6평 1칸 크기의 제당이었고, 내부에는 25자 길이의 성왕대 1개가 있었다고 한다. 그리고 신목(神木)으로 모신 3m 길이의 나무가 2주(株) 있었다. 현재 남아 있는 천제단을 이르는 것으로 볼 수 있다.

동호동 천제단에서는 '토지신·천지신·여역신'을 모시고 있다. 이에 반해 동호동의 인근 마을에서 모시는 신령은 '토지신·성황신·여역신'이다. 중앙에 모신 '천지신(天地神)'은 하늘과 땅에 정성을 드리기 위해 모셨다고

---

10 김도현, 「동해시 동호동 천제단 운영과 그 성격」, 『박물관지』 14, 강원대학교 중앙박물관, 2007, 47~72쪽.
11 『한국의 마을 제당(강원도편)-1967년 조사 자료-』, 국립민속박물관, 1997, 183~189쪽.

보았을 때, 좌측에 협시하는 '토지신(土地神)'을 따로 모신 것은 마을에서 토지신을 이중으로 모셨다는 것이다. 마을에서는 천제단에서 모시는 천지신을 '하늘신'으로 인식하여 이를 '성황신'보다 격이 높은 신령으로 인식하고, '성황신'은 마을 수호신으로 인식하고 있다.

동호동 인근에 있는 만우동, 사문동, 부곡동, 발한동 등의 서낭당에서 모시는 주신인 성황신은 마을 수호신으로서의 위상을 지닌 것으로 믿으며 치제(致祭)되는 것에 비해, 동호동 천제단에서 지내는 하늘신 제사는 그 위상이 단위 마을을 넘어서서 주변 마을 모두를 아우르는 상당제로서의 위상을 지녔다고 볼 수 있다. 이와 함께 태백산 천신을 할아버지신으로 인식하고, 동호동 천제단에서 모시는 천지신을 할머니신으로 여기는 것은 이 지역이 태백산 문화권에 속하였음을 보여주는 좋은 사례이다.[12]

과거에 국가 단위나 지역 단위로 치제되던 제당이 시대의 변화에 따라 단위 마을 제당으로 운영되어 해당 마을 주민들만을 위한 제당으로 그 위상이 격하된 예가 매우 많다. 동호동 천제단 고사 또한 주변 마을을 아우르는 상당으로서의 위상을 지닌 제당에서 동호동 주민들만을 위한 제당으로 축소 운영되어, 동호동 마을에 들어오는 모든 액을 막아 주고, 마을의 평안과 주민들의 건강과 복을 기원해 주는 역할을 한다는 것은 다른 지역 천제당 위상의 변화와 유사한 변동 양상으로 볼 수 있다.

삼척시 남양동 천제당에서는 천령지신(天靈之神)과 함께 성황지신(城隍之神)·후토지신(后土之神)을 모시며, 원당동에서는 오십천 가에서 천제를 지냈는데, 천신과 함께 지신·용신을 모셨고, 성북동 갈야산 천제단에서는 천

---

12 김도현, 「동해시 동호동 천제단 운영과 그 성격」, 『박물관지』 14, 강원대학교 중앙박물관, 2007, 47~72쪽.

〈사진47〉 강원도 삼척 남양동 천제당에서의 천제 제물 진설(2008년)

〈사진48〉 강원도 삼척 남양동 천제당에서 천제를 지낸 후 소지를 올림(2008년)

신을 모신 전통이 사라지고, 토지신·성황신·여역신을 모신다. 마달동 천고사에서는 성황지신·지직지신·천사지신을 모시고, 교동 우지마을에서는 토지신·성황신·여역신을 모시는데, 우지마을에서 보관하고 있는 옛홀기에 의하면 '성황 = 지직', '토지 = 천사', '여역 = 용왕'으로 부기되어 있다. 이는 성북동 갈야산 천제단과 우지마을 서낭제에서 모시는 신령에 천신이 현재는 없지만 그 연원을 살펴보면 천신을 모신 천제를 지냈다고 볼 수 있다.[13]

넷째, 매년 또는 일정 기간에 한 번 기우 또는 역질 구축을 위해 지내는 천제이다. 가뭄이 들면 기우제를 지내는 사례가 많은데, 이를 기우제 또는 천제라고 한다. 즉, 농촌에서 비가 안 내려 한발(旱魃)의 피해가 극심해지면 기우제를 천제단에서 지내기도 하였는데, 승주군 장기마을, 삼척시 동활리를 비롯하여 많은 마을에서 이를 '천제(天祭)'라 하였다. 이를 통해 천제당이 기우를 위한 제당의 역할도 하였음을 알 수 있다. 이와 관련한 사례를 소개하면 다음과 같다.

전라남도 승주군 별양면 봉림리 장기마을에는 마을 중앙에 있는 산 정상에 천신을 모신 천제당이 있다. 심한 가뭄으로 비가 오지 않을 때 하늘에 제사를 지낸 장소이다.[14] 즉, 천신을 모신 천제당에서 기우를 위한 의례를 행하였다고 볼 수 있다.

그리고 마을 천제는 역질 구축 기능을 수행하기도 한다. 삼척시 내미로리 천제, 충북 진천 금한동 천제, 전남 여수시 화정면 개도리 화개산 천제단

---

13 김도현, 「강원도 영동 남부지역 고을 및 마을 신앙」, 고려대학교 박사학위논문, 2009, 113쪽.
14 『한국의 마을제당(전라남도·제주도편)』, 국립민속박물관, 2002, 374쪽.

에서의 제의, 울진 북면 쌍전리 독미산 천제당에서의 제의가 이에 해당한다. 이와 관련하여 특정 마을을 위한 제의와는 관련 없이 매년, 또는 3~10년 주기로 천제를 지내는 사례 중 대표적인 사례인 삼척시 미로면 내미로리 천제, 제주시 용담 1동 천신제, 제주도 추자면 대서리 봉두산 천제단과 전라남도 담양군 무정면 오룡리 내당마을의 천제를 소개하면 다음과 같다.

삼척시 내미로리에서는 10년 주기로 천제봉 정상에서 살아 있는 소를 산 아래에서 잡아 쟁기(각 부위별로 자른 것을 지칭)를 제당 주위 나무에 걸어 놓고 천제를 지낸다. 모시는 신은 천지지신(天地之神)이며, 주요 제수는 소·메·과일·포·제주 등이다.

그 과정을 간단하게 소개하면 다음과 같다.

천제를 지낼 것을 결의하면 택일(擇日)을 하는데, 주로 봄에 한다. 날을 받으면 마을 회의를 하여 삼헌관을 정하는데, 이장이 주로 초헌관을 한다. 초헌관은 천제단 근처 능선에 제주를 담아 봉하고, 북평 우시장에서 깨끗한 소를 구입한다. 구입한 소는 천제 전까지 깨끗한 집에 맡겨 여물을 잘 먹이는데, 정해지면 거부하지 못한다고 한다.

천제를 지내기 전날 저녁에 천제봉 아래에서 소를 잡는데, 부위별로 잘라 내어 칡에다 꿰어 제장 주위 나무에 건다. 이때 부위별로 하나하나 떼어 내는 것을 '쟁기 뗀다'라고 한다. 쟁기를 건 후 제관들이 현장에서 새우메를 짓는다. 진설을 마친 후 천제를 지내는데, 그 과정은 마을 서낭당에서의 제의 과정과 유사하다. 소지는 천지신을 위한 소지를 먼저 올려 잘 응감하였는지를 확인한 후 '마을 소지-각 성씨별 소지'를 올린다. 이후 음복을 하고 산에서 내려온다. 날이 밝으면 마을 주민들이 모두 모여 음복을 하면서 마을 잔치를 한다. 제비는 각 가구별로 추렴하여 충당하며, 만동회의에서 결산한

다.[15]

제주시 용담 1동에서는 매년 정월 초정일에 궁당에 천신을 모셔서 거리
제, 일명 천신제를 지냈다고 한다. 이와 관련하여 전하는 이야기는 "천신은
천지개벽부터 있었으며, 부락민은 부락에 어떠한 질병, 불의의 사고가 없기
를 천신(天神)께 빌며 가호마다 만사에 소원성취를 염원한다."이다. 즉, 질병
을 구축하거나 사고를 방지하기 위해 천신제를 지냈다고 볼 수 있다.[16]

제주도 추자면 대서리 봉두산 정상의 평지에 천제단이 설치되어 있었다.
천연두가 창궐할 때 무사히 지나가길 기원하며 수송아지를 희생으로 준비
하여 천제를 지냈다고 한다.[17]

전라남도 담양군 무정면 오룡리 내당마을에서는 마을 주민과 가축에 해
가 없기를 기원하며 천제를 지냈다고 한다.[18]

다섯째, 상당과 하당으로 구분되는 마을 제의 중 하당 제의인 거리고사에
서 상위 신령으로 모시는 천신을 위하는 유형이 있다. 삼척 하월산리 마을
제의 중 거리고사에서 상당신으로 천신을 모신 사례가 이에 해당하는데, 소
개하면 다음과 같다.

하월산리에는 마을 제당으로 기능하는 성황당이 있지만 각종 잡귀를 구
축하고 소가 질병에 걸리는 것을 막기 위하여 마을 입구에서 거리고사를 지
내면서 상위 신령으로 천신(天神)을 좌정시켜 위한다. 이 마을은 정월에 잡
신을 위한 의례인 거리고사를 중심으로 마을 제사를 지내는데, 그 유래는

---

15 김도현, 「삼척시 내미로리 天祭」, 『종교학연구』 32, 한국종교학연구회, 2014, 49~72쪽.

16 『한국의 마을제당(전라남도・제주도편)』, 국립민속박물관, 2002, 725~726쪽.

17 강정식, 「신앙・전설 유적」, 『북제주군의 문화유적(II)-민속-』, 북제주군・제주대학
    교박물관, 1998, 64~65쪽.

18 『한국의 마을제당(전라남도・제주도편)』, 국립민속박물관, 2002, 272쪽.

다음과 같다.

90~100년 전에 사방에서 우질이 돈 시기가 있었다. 이 우질을 막기 위해 집집마다 쌀을 한 봉지씩 거두어 떡을 한 후 마을 사람들이 모두 모여 거리에 나가서 빌었더니 인근의 상월산이나 다른 동네에서는 소가 죽어 나갔으나 이 마을에는 피해가 없었기에 이후 매년 거리고사를 지낸다고 한다. 이는 정월에 한번만 천신(天神)을 위하고 객귀를 먹이기 위한 것으로, 하늘을 위한 의례이기 때문에 성황보다 더 크게 지내는 것이다.

정월고사는 성황고사보다는 거리고사가 중심이 되므로 성황당에는 메를 한 그릇 올리고, 거리고사에는 떡 2시루 · 메 · 대구포 · 과일 · 술 등을 올린다. 제물은 천신의 몫과 잡신 · 객귀를 위한 제수를 따로 마련한다. 천신을 위해 준비한 제수를 제단 위에 올리고, 잡신을 위한 제수는 제단 바닥에 진설한다.

떡 한 시루는 동네 공공기금으로 쌀을 사 와서 만들고, 다른 한 시루는 집집마다 쌀이나 잡곡을 한 대접씩 모아서 떡을 만들어 올린다. 전자의 것은 천신의 몫이며, 후자의 것은 잡신과 객귀를 위한 것으로 제단 아래에 차린다. 제수는 당주집에서 정월 성황당고사에 올리는 제물과 같이 준비하는데, 마을 재산이 있지만 잡곡 쌀을 한 대접씩 모으는 것은 집집마다의 정성을 모으기 위한 것이라고 한다.

이 외에 천신을 위하여 과일과 헌주라고 하여 산에서 떠 온 깨끗한 물을 잔에 올리고 초와 향을 피우며, 산신을 위하여 냄비에 지은 잡곡메 · 대구포 · 동이술을 차려 놓는다. 제사를 지낸 후 이 술을 바가지로 퍼서 신목(神木) 주변에 뿌리는데 객귀는 원래 많이 먹어야 탈이 없기 때문이라고 한

다.[19]

그러므로 마을 천제는 그 기능과 마을 내 다른 신령과의 관계에 따라 다양한 형태로 전승되었다는 것을 알 수 있다. 이 과정에서 마을마다 종교적 염원이 각각 다르므로, 이를 구현하기 위하여 천신과 함께 마을에서 요구하는 종교적 기능을 수행하는 다양한 신령들을 모시며, 그 기능 또한 마을별·상황별로 다양하다는 것을 알 수 있다.

2. 제의(祭儀) 성격

마을 천제에 관한 기존의 조사·연구 성과를 분석한 결과, 국가 차원의 천제와는 달리 마을 천제는 마을 구성 요소·환경·주위 여건 등을 고려하여 종교적 기능을 수행하기에 특정 영역을 관장하는 산신이나 서낭신과는 달리 다양한 종교 기능을 수행하는 마을 천제로 자리매김하여 전승되고 있다.

마을 천제의 주요 기능을 중심으로 좀 더 구체적으로 천제의 성격을 정리하면 다음과 같다.

첫째, 중심 마을에 있는 천제당에서의 천제는 상호 연결성이 있는 여러 하위 마을 주민들을 아우르는 구심체 역할을 한다.

강원도·경상도를 비롯하여 많은 마을에서 큰서낭당, 도서낭당, 대서낭

---

19 김도현, 「강원도 영동 남부지역 고을 및 마을 신앙」, 고려대학교 박사학위논문, 2009, 117~118쪽.

당 등의 명칭을 지닌 마을 제당들이 있다. 이것은 제당이 위치한 마을이 인근 마을의 중심지 역할을 하여 큰서낭당에서 마을 제사를 지낸 후 하위 마을에서 마을 제사를 지내는 상하 위계를 보여주는 사례이다. 천제당은 이와 같이 여러 하위 마을 주민들을 아우르는 중심 제당 역할을 하여 같은 생활권 또는 문화권에 속한 하위 마을들이 천제를 통해 결속을 다질 수 있는 계기를 마련한다.

이와 같은 역할은 오랫동안 지속되기도 하지만 주변 상황의 변화에 의해 그 위상이나 역할이 변동되기도 한다. 즉, 그 위상을 계속 유지하는 사례도 있지만, 이들 간의 관계성이 약화되어 천제당이 소재한 마을에서 천제당이 상당의 기능을 하는 사례가 있다. 이에 따라 실제 마을 주민들이 요구하는 종교적 기능은 서낭이나 당산할머니 등이 수행한다.

이와 관련한 대표적인 사례는 앞서 소개한 삼척시 원덕읍 월천 3리 가곡산 천제단, 삼척시 신기면 대평리, 근덕면 교가 2리 제동마을 사례를 들 수 있는데, 이들 마을에서는 천제당을 상당으로 여겨 가장 큰 정성을 드린다.

이에 비해 인근의 원덕읍 호산리 해망산 천제단에서의 제의, 도계읍 무건리 천제, 근덕면 초곡리의 천제, 근덕면 궁촌 2리의 천제에서도 천제단에서의 제의를 상당에서의 제의로 여기고 있으나, 실제 마을의 안녕과 풍요를 위하여 성황신을 더 중요하게 여긴다.

천제당의 기능이 약화되어 천제당에서 하위 마을 단위로 설행하는 서낭고사 또는 당산제만 행하는 사례들도 많이 나타난다. 천제 중심의 마을 간 결속력이 약화되어 천제당에서 지내는 천제가 사라지고, 하위 마을 단위의 마을 제사만 명맥을 유지하는 정읍시의 내동마을과 삼척시 성북동 등의 사례를 통해 알 수 있다.

둘째, 가뭄이 들면 기우제를 지내는데, 천제단이 기우제장으로 기능하여 여기서 모시는 천신이 가뭄을 해소하는 데 도움을 준다고 믿는 사례들도 있다.

즉, 농촌에서 비가 안 내려 한발(旱魃)의 피해가 극심해지면 기우제를 천제단에서 지내기도 하였는데, 이를 '천제(天祭)'로 여기는 마을들 중 대표적인 사례를 삼척시 가곡면 동활리에서 확인할 수 있다.

동활리 천제단은 1964년까지 부체바우(부처바위) 앞에 있는 마당바위(지금은 도로가 개설되어 있음)에서 비가 오지 않아 농업에 큰 지장이 있으면, 황소를 제물로 하여 천제를 지냈다. 마을에서는 '기우제'라고도 하였으나, 비에 대한 염원을 하늘에 빌었기에 '천제'라 하였다. 기우와 함께 풍농과 마을의 풍요도 기원하였다고 한다. 그리고 천제를 지내지 않으면 마을이 없어진다고 하여 지낸다는 얘기도 전한다. 천제 지낸 과정을 소개하면 다음과 같다.

주로 봄에 날을 받아서 지냈는데, 주요 제물인 소는 동활리 주민들이 가구별로 성의껏 낸 돈으로 마련하였다. 마을 이장이 주관하여 날을 받아 지냈으며, 제관은 생기를 맞추어서 삼헌관을 뽑았다. 마지막 천제의 제관은 '마을의 심 구장, 순화 할아버지, 윤 구장님네'가 담당하였다고 한다.

천제 지내기 전날 현장에서 소를 잡아 다음 날 새벽에 제사를 지냈다. 이때 생고기를 제상에 진설하였는데 그 부위는 소머리·다리이고, 이와 함께 메 1그릇·채소·술(막걸리)을 제단에 진설하였다. 진설이 끝나면 삼헌관이 각각 술을 올리고 절을 한 후 소지를 올렸다. 이때 개인 소지는 올리지 않고 동네 소지를 올리며 비와 풍농·풍요 등을 기원하였다고 한다. 마을 사람들은 천제를 지내면 3일 이내에 비가 온다고 믿었다.

부체바우가 있는 골짜기에는 부정을 방지하기 위하여 우마는 물론 상여

와 신행 가마도 다니지 못하였다.[20]

셋째, 역병이나 소 전염병 등이 창궐하면 악질을 구축하려는 염원을 담아 마을 천제를 지내기도 한다.

이와 같은 염원을 담아 천제를 지낸 사례는 삼척시 미로면 내미로리 천제에서 확인할 수 있다. 이 마을에서는 소가 병이 들어 죽고, 마을 청년들이 다수 자살하는 등 우환이 끊이지 않자 마을 내 천제봉에서 10년에 한 번씩 소를 희생으로 하여 날을 받아 천제를 지냈다. 이후 마을의 우환은 사라졌으나, 그 전통은 계속 이어지고 있다.[21]

위 사례 이외에도 충북 진천 금한동 천제,[22] 전남 여수시 화정면 개도리 화개산 천제단에서의 제의,[23] 울진 북면 쌍전리 독미산 천제당에서의 제의[24]

---

20 김도현, 「강원도 영동 남부지역 고을 및 마을 신앙」, 고려대학교 박사학위논문, 2009, 115쪽.

21 김도현, 「삼척시 내미로리 天祭」, 『종교학연구』 32, 한국종교학연구회, 2014, 54~68쪽.

22 충북 진천 금한동 천제 사례를 보면 역질 구축을 위해 천제를 지냈음이 축문에 잘 나타나 있기에 소개하면 다음과 같다.
〈… 覆印載印 恐有癘氣 延我東鄕 自遠及近 人多死亡 黎元憂悶 勞心焦腸 食不甘味 寢不安床 閭里齊聲 陳禋薦香 用伸虔告 崇酒于觴 悠悠昊天 曰我爺孃 庶幾監臨 俾無愆殃 憐我愚悃 聽我勤禳 明命是降 赫威斯揚 驅除虐癘 呵禁不詳 廓淸山川 安妥吾方 壽域和風 民物永昌 尙饗〉

23 전남 여수시 화정면 개도리 화산 천제는 일제강점기 때부터 시작되었다. 일제강점기에 이 마을에는 軍馬를 키우는 목장이 있었는데, 군마가 병이 들어 죽으면 그 책임을 마을 사람들에게 물었다. 이에 주민들은 정신적·신체적 危害를 피하고, 이를 모면하기 위해 군마가 병이 들지 않기를 바라는 마을 제사를 지내게 되었다고 한다. 현재는 농사와 바다일이 잘 되고 마을 주민들의 안녕을 위해 하늘에 제사를 모신다고 한다.(나경수, 「개도리 화산 천제」, 『디지털여수문화대전』(http://yeosu.grandculture.net/GC01302265))

24 쌍전리 동제는 울진군 서면 쌍전리의 덕거리(쌍전1리) 大鳳田 마을 앞 독미산에 있는 天祭堂에서 3년에 한 번 음력 정월 14일 子時에 마을의 태평무사와 풍농을 기원하기 위해 天神에게 지내는 마을 제의이다. 쌍전리에서 전해 오는 '천제당 이야기'를 보면 예정된 날에 제를 모시지 않으면 마을에 돌림병이 돌거나 흉년이 든다는 이야기가 전한다.

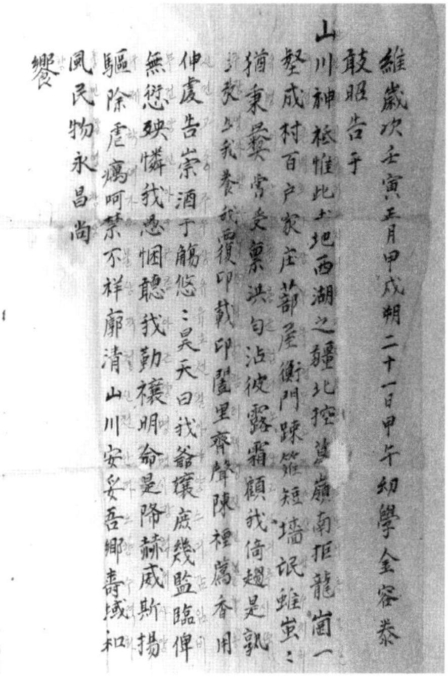

〈사진49〉
충북 진천 금한동 천제 축문

를 비롯하여 전국적으로 많이 발견된다.

　그런데 금한동 천제 사례를 보면, 천제를 지낸 시기가 매년 정월 대보름 이전 좋은 날을 받아서 자시에 지냈다는 것으로 보아 천제를 지낸 계기는 역질 구축이었으나, 그 전통을 계속 이어 가는 과정에서 3년에 한 번씩 지내는 마을 제의로 정착되어 현재에 이르는 것으로 볼 수 있다. 울진 쌍전리를 비롯하여 마을 제사로 정착되어 전승되는 유사 사례들이 다수 발견되는 것

　이 때문에 쌍전리 주민들은 태평무사와 豐農을 기리고 재앙이 없기를 기원하는 마을 제사를 3년에 한 번이라도 지내고 있다.(김도현, 「쌍전리 동제」, 『디지털울진문화대전』 (http://uljin.grandculture.net/GC01801358))

으로 보아 역질을 구축하기 위해 천제를 지낸 전통이 정기적으로 지내는 마을 제의 전통으로 정착되었음을 알 수 있다.

그러므로 특정 영역을 관장하는 산신이나 서낭신과는 달리 최고의 능력을 지닌 신령으로 여겨지는 천신은 연결성이 있는 다수의 하위 마을 주민들이 1년 또는 수년에 한 번씩 열리는 천제를 통해 소통과 화합의 장을 마련하고, 비정기적으로 기우(祈雨)를 위해 천제를 지내거나, 역질 구축 등 특정 기능을 하는 신령들이 해결할 수 없는 종교 기능을 수행하는 신령이고, 이를 마을에서 모시는 제의가 마을 천제이다.

제4장

마을 천제 전승 현장

1. 상당에서의 제의로 기능하는 천제

1) 강원도 삼척시 호산리 천제와 서낭제[1]

(1) 마을 소개

호산리(湖山里)는 부호(芙湖)와 재산(才山) 두 마을을 합하여 호산리라 일컬었다. 부호는 고려 때에 선녀 부용(芙蓉)이 해망산(海望山)에 와서 놀았다고 하여 부선당(芙仙堂)〈부신당〉 또는 부호(芙湖)라 한다. 재산은 죽현(竹峴) 아래에 있기 때문에 죽산(竹山)〈대산〉 또는 재산(才山)으로 되었다. 400년 전에 강릉군에서 최중평(崔重平)이 이주해 왔고, 18세기 중반에는 삼척 김씨 원택(元澤)과 박상진(朴尙鎭)을 비롯한 기타 각 성씨들이 들어와 살았다. 현재 총 호수는 87호이고 인구는 467명이다.

호산리는 원덕읍의 동쪽에 위치하여 동쪽은 바다에, 서쪽은 옥원리에, 북쪽은 노곡리에, 남쪽은 월천리에 서로 인접하니 동서 25정(町) 남북 1리이다. 북쪽의 장치산(獐峙山)은 평원(平圓)한데 그 지맥인 해망산(海望山)이 동

---

1   김도현,「삼척호산리서낭제」,『한국민속신앙 사전 : 마을 신앙』, 국립민속박물관, 2010.

쪽에 홀로 서 있고 그 아래로 마천(麻川)이 둘러싸고 흘러 바다로 들어간다.

도로는 거리가 18정인 원덕읍과 1리인 노곡리, 18정인 월천리에 통한다. 천덕평(天德坪)과 당저평(唐底坪)의 쌀 산출이 가장 많고, 염전도 3개소가 있었다고 한다.

(2) 제의 개요

강원도 삼척시 원덕읍 이천과 옥원을 지나 호산리를 거쳐 바다에 이르는 마천(麻川)과 바다가 만나는 곳에 있는 해망산에 호산리 주민들이 위하는 제당이 있다. 제당은 천제단 · 할아버지당 · 할머니당으로 구성되어 있으며, 마을에서는 천제단을 상당으로 여기며, 할아버지당에 모신 성황신을 위함으로써 마을 주민들의 안녕과 풍요 등을 기원한다.

호산 4리에 거주하는 주민들이 중심이 되어 호산리 서낭제를 지내는데, 호산 4리뿐만 아니라 호산 1리, 2리, 3리 전체를 관장하는 서낭제이다. 그러므로 호산리 서낭제와 관련한 공동체는 원덕읍 호산리 전체 주민들이다.

삼척 호산리 서낭제를 통해 호산리 전체를 위하기에 지리적 전승 범위는 원덕읍의 중심 지역인 호산리 전체로 볼 수 있으며, 3년 단위로 굿을 할 때는 호산리 주민들과 함께 인근의 재산 · 월천 · 산양을 비롯하여 원덕읍 호산리 주변 지역에 살고 있는 주민들도 오기에 그 지리적 전승 범위는 더 넓어진다.

호산리 서낭제를 언제부터 지냈는지 알 수 없으나, 심의승이 1916년에 발간한 『삼척군지』에 의하면 해망산(海望山) 위에 성황당이 있어 어부들이 매년 음력 정월 보름에 제사를 지낸다고 한 것으로 보아 그 연원이 매우 오래되었다고 볼 수 있다. 마을 내에 서낭제와 관련하여 보관 중인 『해망산성황제참제록(海望山城隍祭參祭錄)』이 있는데, 1981년에 작성하였다. 이 문서에는 호산 해망산 성황당 연혁, 성황제 축문, 성황당을 위하는 유래와 목적, 준수 사항, 제수 물목, 벌칙, 참제관 및 헌성자 명단과 함께 부록에는 제수성금 헌납기가 실려 있다.

해망산 성황당은 해망산 8부 능선에 건물 형태로 있는데, 〈해망산성황당사건립 상량문〉과 〈해망당수서〉에 의하면 무자년(戊子年, 1948)에 중수(重修)하였다고 한 것으로 보아 1948년 이전에 이미 제당 형태로 있었다고 볼 수 있다. 이후 2000년 4월에 발생한 동해안 산불로 인해 소실되어 동년(同年) 10월에 다시 지어 오늘에 이르고 있다.

먼저 제당 형태를 살펴보면, 천제단은 해망산 정상에 있는데, 바다에서 육지 쪽으로 향해 있으며 ㄷ자형 자연석으로 둘린 곳에 시멘트로 제단을 만들었다. 할아버지당은 천제단 아래인 해망산 8부 능선쯤에 있으며, 남쪽을 향해 지어져 있다. 지붕은 기와를 얹은 맞배지붕이고 정면 1칸, 측면 1칸의 제당이다. 건물의 벽은 소나무 판재를 이용하여 벽체를 만들었으며, 정면에는 좌우 여닫이문을 달았다. 제당 정면 입구에는 '해망산성황당(海望山城隍堂)'이라 쓴 편액을 걸었으며, 성황당 내부에는 2000년에 상량을 하였다는 상량문이 있으며, 제당 내부 정면에 제단을 일자(一字) 형태로 만들어 설치하였으며, 제단 위에 '성황당신위(城隍堂神位)'라고 새긴 나무 위패를 모셨다. 제당 정면에는 반야심경과 함께 산신·독성·성황신을 그린 당신도(堂神圖)를 걸었다. 이 당신도는 마을에서 모신 것이 아니고, 마을에서 무업에 종사하는 이가 개인적으로 걸었다고 한다. 할머니당은 할아버지당으로 오르는 입구의 오른쪽에서 올라가면 호산 해수욕장 방향으로 해망산 중턱에 있다. 향나무가 제당 옆에 있으며, ㄷ자형 시멘트 블록 담장으로 둘린 곳에 시멘트로 제단을 만들었다.

제사는 매년 정월 대보름 자시(子時)에 지내며, 순서는 천제단에 가서 천신에게 서낭제를 지냄을 먼저 고하고, 할아버지당에 내려와 제수를 진설하고 마을의 안녕과 풍요를 기원하며, 할머니당에는 할아버지당에 올린 제수 일부를 가져가서 진설한 후 제를 지낸다. 만 3년에 한 번씩 마을굿을 하는데, 2009년 9월 26~27일 이틀 동안 해망산 앞에 굿당을 설치하여 굿을 하였다.

제당에서 모시는 신령(神靈)은 천제단에서는 천신(天神)을 모시며, 할아버지당에서는 제당 명칭이 성황당이고, 제당 내부에 '성황당신위(城隍堂神位)'라고 새긴 위패를 모신 것으로 보아 성황신을 모셨음을 알 수 있다. 할머니당에서는 할머니서낭을 모신다고 하였으나, 구체적으로 어떤 역할을 하는 신령인지는 자세하지 않다. 인근에 있는 고포 · 월천 · 작진 등 해안 마을에도 할머니당이 있는데, 이들 마을에서는 해사(海事)를 관장하는 신령을 할머니당에 모신 할머니 또는 할머니서낭으로 인식하고 있는 것으로 보아 이들 마을처럼 해사를 관장하는 신령으로 볼 수도 있다. 이 신령들 중에서 천제단에 모신 천신은 상당의 신령으로 서낭제를 지내거나 굿을 할 때 제일 먼저 알려야 하는 신령이다. 그러나 마을의 대소사를 관장하며 마을 내 주민들의 안녕과 풍요를 관장하는 신령은 할아버지당에 모신 성황신이다. 이에 다른 제당과는 달리 제수 준비를 가장 풍성하게 하며, 그 절차 또한 격을 갖추어 지내며, 마을 제사의 명칭 또한 서낭제라 부르는 것으로 보아 마을 내에서의 위상을 잘 알 수 있다. 마을 주민들을 위한 소지를 올리는 곳 또한 할아버지당이다.

호산리 서낭제를 준비하는 제수 비용은 매년 이장들이 마을 주민들로부터 헌성금(치성비)을 수금하고, 찬조금을 받아 충당한다. 1981년에는 호당(戶當) 500원을 걷었으며, 1983년부터 1,000원을 걷었다. 1990년부터 호산리 내 각 마을 단위로 성의껏 내어 제수를 준비하였는데, 이때부터 어촌계와 · 양조장 · 호산읍사무소 · 농협 등에서 성금을 낸 사실을 기록하였다. 2010년에는 호산 1, 2, 3, 4리가 공동으로 지내기에 각 리별로 10만 원을 내고 부족한 부분은 해수욕장 운영 경비 등으로 충당하였다. 호산 4리에서 주관하였기에 서낭제를 지낸 후 호산 1 ,2, 3리에 술과 제물을 조금씩 가져다주었다.

매년 정월 11일 마을 지도자들이 모여 생기를 맞추어 제관(헌관과 축관)을 선정하며, 이때 제수를 준비하는 집에서 제관을 겸한다. 그리고 정월 13일부터 성황제단과 제수봉공가(祭需奉供家), 그리고 제관 집에 금줄을 걸어 외부인의 출입을 금하고, 제사와 관련된 사람들은 엄숙한 마음으로 목욕하고 청결하여야 하며, 다른 지역으로의 출입을 금한다. 마을에서 서낭제와 관련하여 기록한 문서에 따르면, 1981년부터 초헌관·아헌관·종헌관·축관을 임명하였으나, 1990년부터 기존에 임명한 제관과 함께 천제당 헌관 1명을 별도로 선정하였다.

서낭제를 지내기 위해 준비한 제수(祭需)를 살펴보면, 먼저 천제단에는 포와 제주를 준비하여 간다. 2009년에 굿을 하게 되었음을 고하기 위해 천제단에 진설한 제수는 포·술·과일(사과·참외·감)·삼실과(대추·밤·곶감)였다. 성황당에 진설한 제수는 메·술·떡·돼지머리·삶은 돼지고기 덩이살·전복·두부전·문어·임연수·명태·열기·가자미·삶은 달걀·소고기 산적·육탕·나물(미역·시금치·콩나물·무·고사리)·과일(배·사과 등)·삼실과(대추·밤·곶감) 등이다. 할머니당에는 할아버지당에 올린 제물 일부를 내려서 진설하는데, 2010년에는 메·포·술·나물·탕을 1개씩 준비하여 진설하였다.

제의 과정을 소개하면 다음과 같다.

먼저 제관 1명과 축관이 천제단에 가서 제수를 진설한 다음 초헌관이 술을 올리고 재배한 후 축관이 천제 축문을 읽는다. 이후 제관과 축관이 재배한 후 음복하는 것으로 천제단에서의 제의를 마친다. 이후 할아버지당(성황당)으로 와서 제수를 진설한 다음 초헌관·아헌관·종헌관의 순으로 각각 술을 올린 후 재배한다. 이후 성황당 축문을 읽고 소지를 올린다. 각 리별로 소지 명단을 미리 받아서 각 가구별로 소지를 올려 준다. 소지를 모두 올린 후 제수 일부를 떼어 잡귀 잡신을 풀어먹이는 고수레를 한 후 제관들이 음복한다. 음복이 끝나면 제수를 내리면서 할머니당에 진설할 제수를 별도로 준비한다. 이후 할머니당에 가서 초헌관이 술을 올리고 제관들이 합동 재배한 다음 메에 수저를 꽂고 다시 합동 재배하고 제수 일부와 술을 잡귀 잡신에게 풀어먹이는 고수레를 한 다음 음복을 하고 남은 제수를 내려 대야에 담아서 내려온다.

이와 같이 서낭제를 지낼 때 여성은 음식 준비를 도와줄 수는 있지만 서낭제에는 절대 참여할 수 없다. 서낭제를 마친 후 제관과 축관은 도갓집에 모여 제수를 나누어 먹는다. 예전에는 아침에 마을 주민들이 모두 모여 음복한 후 윷놀이를 하였으나, 지금은 서낭제 예산·결산을 비롯하여 마을 현안에 대하여 의견을 간단하게 나눈 후 준비한 음식을 들며 간단하게 음복을 마친다. 호산 4리에서는 정월 대보름날 달 뜨기 전에 배를 가지고 있는 집에서는 용왕제를 지낸다. 바다에서의 안전과 풍어를 기원하며 지내는데, 일정이 여의치 않으면 영등날 지내기도 한다. 이와 같은 용왕제는 다른 마을과는 달리 일종의 뱃고사적 성격을 지닌 것으로 이해할 수 있다.

천제단과 성황당에서 제의를 진행하면서 읽는 축문을 소개하면 다음과 같다.

天祭堂 祝文

維歲次 ○○正月○○朔十五日 ○○幼學三獻官 ○○○

齊沐百拜于 天祭堂下曰

伏以

大哉乾元　德合萬物　開子覆燾　生寅寧謐

惟玆祭壇　受禧之址　有洞以來　明禋於是

滄海靈區　太岳遺脈　肸蠁之靈　造化之跡

歲序新元　日吉辰良　肅敬精白　祀事是將

我肴旣馨　我酒旦潔　洗心齊沐　莫之有缺

祝願伊何　敢冀宜驚　百魔消滅　一洞安吉

謹將蠲饎　用伸虔祝　頫此徵誠　降福歆格

尚

饗

城隍堂 祝文

維歲次 ○○正月○○朔十五日 ○○幼學三獻官 ○○○

齊沐百拜于 城隍堂下曰

伏以

有洞肆祠　每歲將事　受釐之所　感應之址

偉哉海望　爲民家宅　富湖東區　泰山西脈

明禋之誠　無敢或怠　慈涓穀朝　靈神所在

齊明一洞　肅敬祀斯　心香一炷　神之假思

萬事亨通　白魔遁藏　伏惟尊靈　降福洋洋

尚

饗

(3) 의미

해망산에 있는 호산리 제당들 중 상당으로 여긴 제단은 천제단이다. 삼척 지역에는 천제단(당)이 있는 마을이 다른 지역보다 많다. 천제당의 마을 내 위치를 중심으로 분류하면 태백산 천제단의 영향으로 태백산 줄기가 끝나는 능선의 아래쪽에 위치한 것, 하천 옆이나 하천 중간에 형성된 섬 내부에 위치한 것, 산 중턱쯤에 계곡물이 Ｙ자로 만나는 곳 내부에 위치한 것, 산 중턱에 위치하여 마을을 내려다보는 곳에 위치한 것, 산 정상부나 그 아래에 위치한 것 등의 5가지로 구분할 수 있다. 이 중 호산리 천제당은 산 정상부에 위치한 유형이다. 이 유형은 천제봉이라 불리는 산 정상이나 그 아래에 천제당이 있는 사례를 통해 확인할 수 있는데, 미로면 내미로리 · 도계읍 한내리 · 산기리 샛골 · 황조리 · 늑구리 · 원덕읍 기곡리 선의곡 · 호산 해망산 · 옥원리 · 이천 1리 등에서 발견할 수 있다. 이에 해당하는 천제당 중 일부는 마을의 제당 중 상당으로서의 위상을 지니고 있으나, 대부분 가뭄이 들면 비정기적으로 비를 기원하기 위한 천제를 지내는 유형이다.

마을 내에서 상당으로 기능하는 사례는 삼척시 신기면 대평리 · 원덕읍 월천 3리 · 원덕읍 호산리 · 근덕면 초곡리 · 근덕면 궁촌 2리 · 근덕면 교가 2리 제동마을 등에서 발견할 수 있다. 상당의 기능을 하는 구체적인 사례를 소개하면 다음과 같은데, 마을 신앙 구조는 호산리와 비슷하다.

삼척시 원덕읍 월천 3리 가곡산 천제단에 대하여 1916년 편찬된 심의승의 『삼척군지(三陟郡誌)』에 "… 갈령(葛嶺)은 안일왕산(安逸王山)이라 칭하며, 그 동쪽에 봉수산(烽燧山)의 연대구지(烟臺舊址)에 지금은 성황사(城隍祠)를 설(設)하였으며, …"라고 한 것으로 보아 이미 1910년대에 봉수대 옛터가 마을 신앙의 대상물로 치제(致祭)되었음을 알 수 있으며, 원래는 '성황사(城隍祠)'였는데, 당시 모신 신령(神靈)이 천신(天神)이었는지는 알 수 없고, 이후 마을에서 '천제단(天祭壇)'이라 하였던 것으로 보인다.

신기면 대평리에서는 '천제단 → 서낭당', 근덕면 교가 2리 제동마을에서는 '천제 → 용왕제'의 순으로 제사를 지내는데, 천제단을 상당으로 여겨 가장 큰 정성을 드린다. 이에 비해 인근의 원덕읍 호산리 해망산 천제단에서는 '천제단 → 할아버지당 → 할머니당'의 순으로 제사를 지내는데, 여기에서는 할아버지당에 가장 많은 정성을 드린다. 이와 유사한 사례는 도계읍 무건리의 '천제 → 성황제', 근덕면 초곡리의 '천제 → 성황제사 → 수부신 위함'과 근덕면 궁촌 2리에서의 '천제 → 윗서낭제 → 아랫서낭제'에서도 발견할 수 있다. 이들 마을에서도 천제단을 상당으로 여기고는 있으나, 실제 마을의 안녕과 풍요를 위하여 성황신을 더 중요하게 여긴다.

즉, 호산리 서낭제의 제의 구조를 인근에 있는 원덕읍 월천 3리와 근덕면 초곡리에 있는 마을 제의와 비교해 보면 '천제당 → 할아버지당 → 할머니당'으로 이어지는 마을 신앙 구조와 유사하다. 삼척 해안 지역에서 천제단

〈사진50〉 강원도 삼척시 호산리 천제단 전경(2009년)

〈사진51〉 호산리 할아버지서낭당 전경(김도현, 2009년 9월 26일)

〈사진52〉 호산리 서낭굿에 앞서 천제단에 고하는 무녀(김도현, 2009년 9월 26일)

〈사진53〉 호산리 할아버지서낭제 제물 진설(김도현, 2013년 2월 24일)

〈사진54〉 호산리 할머니서낭에서 절을 함(김도현, 2010년 2월 28일)

이 있는 마을에서 주로 발견할 수 있는 제의 구조인데, 이를 통해 해안 지역에 위치한 단위 마을들은 단위 마을로만 존재하는 것이 아니라 특정 포구를 중심으로 여러 마을이 결합되어 있을 경우, 이들 전체 마을을 관장하는 천제단이 있어 이곳에 인근 마을 주민들이 공동으로 위하는 천신을 모신 천제단이 있고, 단위 마을마다 마을 서낭당과 해서낭당이 있음을 알 수 있다. 그런데 마을 단위의 제의 전통이 약해지면서 통합 운영될 때, 천제단이 있는 마을에서 제의 전통을 전승하고 있음을 알 수 있다. 그러나 세부적인 절차나 기능, 의미 등은 각 마을의 특성을 반영하여 운영되고 있다.

2. 중심 마을 제의로 기능하는 천제

1) 강원도 태백시 백산마을과 솔안마을 천제[2]

(1) 마을 소개[3]

태백시 백산마을과 솔안마을은 현재 태백시 황연동(黃蓮洞)에 속해 있다. 1998년 황지 2동과 연화동을 통합하여 황연동을 만들었는데, 이에 속한 연화동이란 명칭은 태백시로 승격될 당시 백산과 통리(솔안마을은 통리에 속한 마을이다)를 합치면서 연화산 동쪽에 있다고 하여 부르게 된 것이다.

---

2 김도현, 「태백산 지역에서의 마을 천제 전승 양상과 의미」, 『한국 종교』 48집, 원광대학교 종교문제연구소, 2020, 129~165쪽.
3 沈宜昇, 「상장면」, 『三陟郡誌』, 1916.
　　김도현 외, 『문헌으로 본 태백시의 지명』, 태백시·강원대 강원전통문화연구소, 2011, 61~77쪽.

백산리(栢山里)는 옛날에 절이 있었기 때문에 사곡(寺谷)〈절골・젯골・젓골〉이라 하였는데 나중에 백산으로 바꾸었다. 17세기 초반에 남양 홍씨 일소(逸昭)가 이주해 왔고, 그 후에 영양 천씨를 비롯한 각 씨족들이 들어와 거주하였다. 1916년에 총 호수는 29호이고 인구는 169명이다.

당시 장성면의 동부에 위치하여 동쪽은 원덕면에, 서북쪽은 황지리와 통리에, 남쪽은 철암리에 서로 경계를 접하고 있는데, 사곡(寺谷)과 칠장(漆墻) 두 개의 마을로 이루어져 있다. 함백산(咸白山) 지맥이 본 동리의 동쪽에서 백병산(白屛山)이 되어 원덕면과의 경계를 구획하고, 서쪽의 연화산(蓮花山)은 본 동리의 앞산이 된다. 통동(桶洞)에서 흘러내려 온 시냇물은 본 동리를 에워싸고 흘러 철암천(鐵岩川)이 된다. 도로는 통리와 철암리로 통하는 두 개의 대로가 있는데 8년 전에 대대적인 보수를 하였다.

산악이 험악하여 들판이 적으며, 주요 농산물은 귀리・메밀・콩・팥・조・감자 등이다.

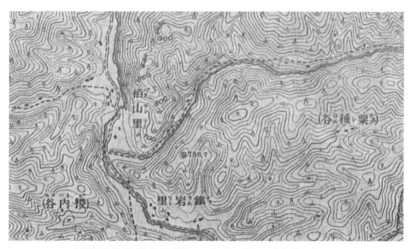

〈사진55〉 백산리와 소속 마을(1918년 지형도; 종로도서관 제공 지도 https://jnlib.sen.go.kr/)

통리(桶里)는 사방의 산들이 높고 험하며 계곡이 깊기 때문에 통리라고 한다. 대체로 17세기 초반에 청송 심씨 덕로(德潞)가 이주해 와 농업을 시작하였고, 그 후 17세기 중반에는 울진 장씨 태세(泰世)가 이주해 와 점차 마을을 이루어 갔는데, 20세기 초에 천씨와 김씨 등의 성씨들도 이곳으로 와서 거주하였다. 1916년에는 총 호수는 55호이고 인구는 267명이다.

본 동리는 1916년에 장성면의 동북쪽 끝자락에 위치하여 동쪽과 북쪽은 원덕 소달면에, 서쪽과 남쪽은 황지리와 백산리에 각각 경계를 접하고 있는데, 양지(陽地)·음지(陰地)·용정(龍井)·상통곡(上桶谷)·원심(源深) 등 다섯 개의 마을로 이루어졌다.

1957년대에는 통리가 영암선(榮岩線) 철도의 종착역이자 삼척시 심포리에서 걸어 올라온 사람들이 열차를 타는 시발역이 되는 곳이었기에 인구도 많고 집도 많았으나, 영동선이 완전 개통되어 통리에 살던 사람 대부분이 황지로 이주하였기에 지금은 인구가 많이 줄었다.

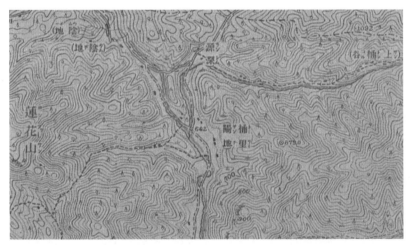

〈사진56〉 솔안마을이 속한 통리와 소속 마을(1918년 지형도; 종로도서관 제공 지도 https://jnlib.sen.go.kr/)

산악은 금대산(金臺山) 여맥(餘脈)이 멀리 뻗어 내리면서 중첩하니 북쪽의 유령(楡嶺)은 주산(主山)이 되고, 동쪽의 백병산(白屛山)과 남쪽의 신령산(神靈山) 서쪽의 연화산(蓮花山) 등이 유명한데 사방에서 서로 마주 보고 서 있다. 하천은 이곳이 바로 수원(水源)이 되기 때문에 특별히 기록할 것이 없다. 도로는 황지리와 · 삼척읍 · 원덕면으로 통하는 3개의 대로가 있다.

중요 농산물은 귀리 · 메밀 · 콩 · 팥 · 조 · 삼 · 감자 · 옥수수 등이다. 그리고 1900년경에 고로(古老) 천만종(千滿鍾)의 운손(雲孫)인 석주(錫周)가 서숙(書塾)을 창설하여 아동교육을 실시하였다.

(2) 제의 개요

강원도 태백시 백산동 번지당골[4]과 통동 시룽골[5]에 각각 천제당이 있다. 각 하위 마을 단위로 서낭당이 있어 마을 단위로 마을의 안녕과 풍요를 기원하지만, 천제당은 이들 하위 마을 전체를 관장하는 구심체 역할을 하는 제당으로 천신(天神)을 모시고 있다. 통동과 백산동에서 격년제로 천제를 지내는데, 2018년에 솔안마을에서 천제를 지냈기에, 2019년에는 백산마을에서 천제를 지냈다. 이와 같이 격년제로 지내는 이유를 알 수는 없으나, 통동과 백산마을은 철암천을 매개로 연접되어 있는 마을이기에 어떤 형태로든 사회 · 경제적인 연결성이 이들 마을을 공동의 천제 신앙권으로 연결하

---

4 백산동 번지당골에 있는 천제당에서의 제의를 '백산마을 천제'라고 한다. 옛날에는 백산동에 소속된 모든 마을 주민들이 참여하였으나, 지금은 백산마을 중심으로 천제를 지내기에 '백산마을 천제'라고 하였다.
5 통동 시룽골에 있는 천제당에서의 제의를 '솔안마을 천제'라고 한다. 옛날에는 통동에 소속된 모든 마을 주민들이 참여하였으나, 지금은 솔안마을 중심으로 천제를 지내기에 '솔안마을 천제'라고 하였다.

였다고 보인다.

천씨·정씨·서씨들이 백산마을을 개창하여 마을 기반을 정립하면서 천제당을 세운 것으로 전한다. 이들이 천제당을 만들어 제사를 지낸 목적을 살펴보면, 백산마을에서는 질병 예방을 위함이며, 제를 지내지 않으면 일반 질병이 침입한다고 여겼다.

원래 솔안마을 천제는 통동 전체 주민들이 참여하는 천제였다고 한다. 매년 음력 3월 초하루에 날을 받아서 음력 3월 중에 마을 천제를 지냈는데, 이 때 통동 전체 주민들이 참여하였다고 한다. 통동 14통 사례를 들면, 14통 내에 솔안마을을 비롯하여 짝바위골과 용정마을이 있다. 용정마을에는 마을 서낭당이 있었다고 한다. 통동 14통 이외의 마을들도 대부분 마을 내에 서낭당이 있어서 매년 정월 초에 마을 제사를 지냈다고 한다. 이렇게 흩어져 있는 마을 주민들은 격년제로 음력 3월 중에 열린 통동 천제에 동참함으로써 마을 평안과 질병 소멸을 추구하며, 전체 주민들의 소통과 화합을 기원하였다.

1967년 자료를 보면, 음력 3월 15일 정오에 제사를 지냈다고 기록되어 있으나, 지금은 산불 예방을 위해 5월 15일까지 입산 통제 기간이기에, 이 시기를 지나 좋은 날을 받아서 지낸다. 제당 현황을 살펴보면 다음과 같다.

영동선의 동백산역에서 백산역 방향으로 0.8㎞를 진행하면 태백종합경기장으로 진행하는 도로와 분기하는데, 이 도로를 따라 0.7㎞를 더 진행하면 번지당골의 연화산 유원지 입구가 나온다. 이 골짜기 안쪽으로 0.8㎞를 들어간 지점에 백산마을 천제당이 있다. 천제당 건물은 석축 위에 정면 1칸, 측면 1칸으로 지은 목조건물로, 지붕은 홑처마·맞배지붕에 기와를 올린 형태다. 그리고 천제당 주위에 자연석을 이용하여 돌담을 둘렀다. 제당 내부에는 정면에 나무로 만든 제단을 설치하였고, 입구 방향 오른쪽부터 옥황상제·연화산 산신령·연화산 삼신을 모셨다. 제당 내 좌우 벽에 회원 명단과 중건 관련 편액이 걸려 있다. 천장에는 상량문이 쓰여 있다.

백산마을 천제당을 현재와 같이 중수하기 이전에는 천제당과 그 오른쪽에 한 칸 규모의 칠성당이 있었다. 그리고 번지당골 입구에 백산마을 성황당이 있어 마을 주민들이 위하였으나, 지금은 그 위세가 매우 약해졌다.

백산마을 천제당과 관련하여 전하는 이야기를 소개하면 다음과 같다. 자녀가 없는 부부가 성심으로 천제당에서 기도하면 득남득녀한다고 한다. 그리고 기도를 열심히 하면 원하는 것을 이룰 수 있으며, 천제를 지내기 위해 준비한 제물을 절취한 자는 반드시 해를 보게 된다고 한다.

마을 어르신인 존오(마을 지도자)가 이장일 때 돼지를 잡아 천제를 지냈으나, 윤감(전염성이 있는 감기)이란 병이 유행하였다. 주민들 모두 병에 걸리자 무당에게 물어보았는데 소를 올리지 않아서 병에 걸린 것이라 하여 소를 잡아 천제를 다시 지내고 나니 병이 다 나았다고 한다.

그리고 예전에는 돌담을 두르고, 내부에 제단을 만들어 천제를 지냈으나, 현 회장님의 선대 어르신이 살아 계실 때 목수를 모셔서 제당 형태의 천제당을 지었다. 이때 제당 건물을 지은 목수(병오생)가 당주를 했는데, 부인이 낙태하였다. 이후 부인이 다시 임신을 하여 아들을 출산하였다고 한다. 딸만 여럿 있었던 목수가 백산 천제당에서 정성을 들인 것이 받아들여져 아들을 낳은 것이라고 다들 여겼다고 한다.

천제당 앞에 큰 전나무가 있는데, 40년 전에 도벌꾼이 나무를 자르려 하다가 위에서 소리가 나서 보니 구렁이가 내려와 그 자리에 쓰러졌다고 한다. 현재도 나무를 베었던 흔적이 전나무 밑동에 남아 있다. 백산과 통동 마을 사람들은 서로 자신들의 마을에 있는 천제당에 모신 천신이 할아버지 천신이라고 주장하여 그 격이 높음을 과시하려 한다.

통동 시룡산 천제당은 영동선의 동백산역에서 북쪽으로 0.6㎞를 진행하다가 동쪽으로 개설된 한보탄광의 진입로를 따라 0.1㎞를 들어가면 한보탄광 건물이 있고, 이 지점에서 남측으로 개설된 비포장도로를 따라 약 1.1㎞를 들어가면 계곡이 둘로 분기하는데 이 분기점의 중앙에 위치한다. 이곳을 천제당골이라고 한다.

제당 정면에 '천제당(天祭堂)'이라 쓴 편액을 걸었으며, 건물 규모는 정면 한 칸, 측면 한 칸이고 시멘트로 벽을 마무리하였으며, 지붕은 홑처마에 슬레이트를 올린 맞배지붕 형태이다. 제당 주위에 신목으로 느릅나무 2그루, 신배나무 1그루, 들메나무 2그루가 둘려 있다. 천제당 내부 좌측 벽에는 1928년 제당 신축 당시 작성한 '천제당 이건문'과 1998년에 천제당을 중건할 때 작성한 '중건기'가 걸려 있다. 이것으로 보아 1928년에 현재 자리에 건물 형태로 천제당을 지었고, 1998년에 중건하였음을 알 수 있다. 제당 내부 정면에 시렁을 만들어 한지 2장을 걸었으며, 시멘트로 마감한 일자형 제단을 설치하였다.

백산마을과 통동에서 해당 마을 전체를 관장하는 역할을 하는 것은 천제당이지만, 하위 마을 단위로 서낭당이 있어 마을 주민들이 위하고, 천제당은 이들 하위 마을 전체를 관장하여 2년에 한 번씩 흩어져 살고 있는 마을 주민들 모두가 모여 천제를 지낸 후 소통과 화합의 시간을 갖는 기능을 한다는 측면에서 매우 중요한 마을공동체 신앙 운영 사례로 볼 수 있다.

현재 백산동에는 80여 가구가 거주하며, 통리 솔안마을에도 80여 가구가 살고 있다. 천제를 지내기 위해 소요되는 비용은 1967년 조사 자료를 보면 각 가구별로 성의껏 낸 현금 2만 원 내외의 자금으로 충당하였으나, 지금은 기금을 모아서 회원제로 운영하고 있다. 이들 마을에 거주하는 사람들은 대부분 회원이며, 과거 백산마을이나 통동에 살았던 사람들 중에서 인근이나

〈사진57〉 백산동(栢山洞) 번지당골 천제당(天祭堂)

〈사진58〉 태백시 솔안마을 천제당 전경

다른 도시로 이주한 사람들도 회원 자격을 가지고 백산마을 천제·통동 천제에 참여한다. 백산동 천제 회원들은 기금이 2,000만 원 정도 적립되어 있기에 여기서 나오는 이자와 찬조금으로 천제를 지낸다.

백산마을 천제당 내부에 백산마을 천제당 회원 명부가 편액 형태로 걸려 있다. 이에 의하면 회원은 총 112명인데, 이 중 돌아가신 분이 10명이어서 현재 회원이 102명임을 알 수 있다. 회칙이 있어 마을에서 보관하고 있으며, 계원들은 명단을 내부에 걸고, 고인이 되면 자제가 대를 이어 계원으로 활동하는 사례도 있다. 회원들에게는 준비한 제물을 골고루 나누어 주기 위해 '봉개(몫이)'를 준비하여 나누어 주는데, 소고기 한 뭉치와 떡 등을 준다.

백산마을과 통동에서 격년제로 지내기에 백산마을에서 주도하는 천제에 통동 솔안마을 대표들이 참가하며, 통동 솔안마을에서 주도하는 천제에는 백산마을 대표들이 참여한다. 이것으로 보아 전승 주체는 백산마을과 통동 주민들을 중심으로 한 회원들이며, 태백시 백산마을과 통동이 전승 지역이 되어 그 전통이 잘 전승되고 있음을 알 수 있다.

현재 백산마을 천제당 회장은 장○○ 님으로 2년 임기의 회장직을 수행하고 있다. 회장의 소임을 담당하는 사람은 천제 준비와 운영 등 전반적인 내용을 정확하게 알고 있어서 마을이장·제관 등이 실수 없이 천제를 지낼 수 있도록 잘 이끌고 있기에, 백산마을 천제와 통동 시릉산 천제는 2년에 한 번 번갈아 가며 봄에 좋은 날을 받아서 지내며 지금까지 잘 전승되고 있다.

현재 천제에 소요되는 비용은 마을 기금과 자발적인 기부금·소지값 등으로 충당한다. 소요되는 비용의 대부분은 제물을 준비하는 데 사용되는데, 이 중 가장 중요한 제물이 소[牛]와 술이다.

마을 주민들에 따르면 과거에는 사냥을 하여 천제에 올리는 희생물을 준비하였다고 한다. 그런데 언제부터인지는 모르나 소를 희생으로 올리는 전통이 지금까지 내려오고 있다. 예전에는 천제를 지내는 당일 새벽에 운영위원들이 소를 끌고 천제당에 가서 도축한 후 제물을 준비하여 낮 11~12시경에 천제를 지냈다고 한다.

늘 소를 잡아서 천제를 지내는 전통은 시대 변화에 따라 도축된 소를 구입하여 천제를 지내는 형태로 바뀌었다. 2018년에 구입한 소고기는 소머리·내장(전체)·간·고기 부위(천제에 올리는 고기 20근, 식사 준비용 고기 100근 정도, 다리와 꼬리 부위는 구입 안함)이다. 이와 같이 준비한 소고기는 싸리나무 꼬치에 소고기 덩이 10개 정도를 끼워서 제물로 올린 후 주먹고기 한 개와 떡을 참여자들에게 나누어 준다.

술은 20되 정도 담그는데, 천제 지낼 날짜가 정해지면 재료를 준비하여 곧장 천제당 앞에 항아리를 묻어 제주를 담근다.

백산동에서는 천제당에서 천제를 지내기 전에 제관을 선정한다. 구체적으로 제관은 3헌관을 선정하는데, 지난 2015년에는 통장이 초헌관, 노인회장이 아헌관, 이○○ 님이 종헌관을 담당하였다. 여기에 더하여 총무를 선정하여 천제를 실무적으로 총괄하게 하며, 축관 1명과 집사 2명, 당주를 선임한다. 이들은 청포에 유건을 쓴 복장을 하고 제사를 지낸다.

천제를 준비할 때 가장 큰 역할을 하는 이는 당주이다. 2015년 당주는 이○○ 님이 담당하였는데, 제주(祭酒)를 20일 전에 담그고, 그때 금줄을 치고, 위목지를 걸고, 제물을 준비하였다고 한다.

제물을 준비할 때 가장 중요한 것이 소를 잡아서 제물로 분육하는 일이다. 수소를 전날에 잡아서 부위별로 나누고, 대부분의 살코기를 110cm 정도의 싸리나무대를 이용하여 꼬치를 만들어 숯불에 살짝 구워서 준비한다. 소고기 꼬치를 많이 만들어 회원들과 동참한 외빈과 기타 참석자들에게 '봉개'라 하여 한 덩어리씩 골고루 나누어 준다.

술은 20일 전에 번지당골 입구에 단지를 묻어 담근다. 2015년에는 쌀 30kg, 누룩 18장을 준비하여 제주를 만들었다. 제주(祭酒)로 올리는 술은 청주를 걸러서 별도의 단지에 담아 봉한 후 제사지낼 때 개봉하여 올린다.

백산마을 천제당에서 제사를 지내기 위해 준비한 제물은 메 2그릇(백산마을과 솔안마을에서 각각 모시는 천신을 위한 메), 술 3잔(모신 각 신령별), 청수 3잔(당주가 미리 준비), 소 한 마리를 희생으로 올리게 됨을 보여주기 위해 소머리와 소 앞·뒷다리 각각 1개, 갈비 한 짝, 소꼬리, 소가죽, 간, 염통, 천엽, 소고기 꼬치 4개를 제단에 진설하였다. 이때 소고기의 염통과 간은 그대로 올리고, 나머지 부위는 굽거나 삶아서 올렸다. 이 외에도 삼실과, 과일(수박·사과·배·참외), 포, 새우메(2그릇), 백설기 한 시루를 준비하여 진설하였다. 진설도는 〈그림59〉과 같다.

제물을 진설하는 동안 제관은 성금을 내는 등 천제에 동참한 사람들과 회원들을 위한 소지 종이에 직책, 이름, 생기 관련 간지를 적어서 준비하였다.

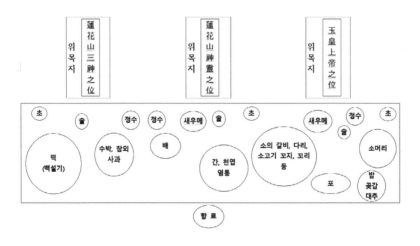

〈그림59〉 태백시 백산마을 천제 제물 진설도

2015년 백산마을 천제당에서 행한 제의를 중심으로 진행 과정을 소개하면 다음과 같다.

당주가 각 신위별로 위목지를 걸었다. 제단 정면 벽에 각 신위별로 여러 장의 위목지가 걸려 있는 이유는 이전에 걸었던 위목지가 쌓여서라고 한다. 위목지를 정면 벽에 건 후 제물을 진설하였다. 이때 백산천제보존회 회장이 진설이나 제의 진행 과정 전반에 대하여 필요시 지시를 하고, 자문을 하였다.

제의는 다음과 같이 진행되었다. 향과 초를 피운 후 초헌관이 옥황상제 · 연화산 산신 · 연화산 삼신 순서로 술을 각각 1잔씩 올리고 참여자 모두가 부복한 후 축관이 축문을 읽었다. 독축 후 메와 떡에 나뭇가지를 꽂아서 수저를 준비하였음을 보여주었다. 잔을 내린 후 아헌관이 술을 올리고 다시 참여자 전체가 함께 절을 한 번 하였다. 이후 술을 내리고 종헌관이 술을 올리고 다시 모든 참여자들이 함께 절을 한 번 하였다.

이후 음복을 삼헌관이 함께하였고, 제관들의 음복이 끝난 후 회장과 축관, 참여 집사 등이 음복하였다. 이때 백산마을과 통리마을이 속한 황연동 동장님과 반장, 당주 사모님, 솔안마을 통장, 기타 참여자들이 함께 술을 올리고 절하였다. 이후 당주가 개인별 소지 종이를 한꺼번에 별도 기구에 담아 소지하였다. 이때 당주가 무릎을 꿇고 정성을 다하였다. 소지를 마친 후 당주가 떡을 일부 떼어 돌담에 놓고 수부, 잡귀 잡신을 위해 고수레 성격의 헌식을 하였다.

천제당에서 제의를 마친 후 제당을 가로질러 걸은 금줄은 그대로 두고 2년 후 다시 걸게 된다. 참여자들은 천제당 앞 전나무 아래에서 화톳불을 피워 만든 숯을 이용하여 꼬치의 고기를 적당한 두께로 썰어서 구워 음복을 위한 안주로 준비하였다.

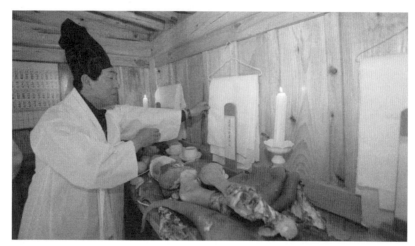

〈사진60〉 백산동(栢山洞) 번지당골 천제당(天祭堂)에서 천제를 지내기 전에 제관이 위목지를 걸고 있음

〈사진61〉 백산동(栢山洞) 번지당골 천제당(天祭堂)에서 천제를 지내기 위한 진설

〈사진62〉 백산동(栢山洞) 번지당골 천제당(天祭堂)에서 천제를 지내는 중에 축문을 읽음

위와 같이 천제당에서 제의가 진행되는 동안 회원들과 주민들은 번지당골 입구에 천막을 쳐서 모두 모여 음식을 먹으며, 즐길 수 있는 장소를 마련하였다. 이때 부녀회원들이 가마솥을 걸어 놓고 고깃국을 끓이면서 삶아진 소고기를 썰어서 안주와 소고기 국밥에 넣을 건더기를 준비하였다. 술상에는 백설기·구운 소고기·삶은 소가죽을 안주로 내왔다.

마을 단위의 서낭고사도 있지만 모든 마을을 아우르는 천제당에서의 제의와 준비한 제물을 나누어 먹는 음복을 통하여 백산마을 주민들은 스스로 '오늘은 다 모여서 즐겁게 잔치하는 날'이라 여긴다. 이를 통해 백산마을 천제당에서의 제의의 기능과 의미를 충분히 이해할 수 있다.

솔안마을 천제는 현재 통동 14통 주민들이 주체가 되어 인근 주민들과 백산마을 간부들이 참여하는 형태로 지낸다. 2018년 사례를 중심으로 솔안마을 천제 진행 과정을 소개하면 다음과 같다. 천제를 지내기 전날인 4월 22

일, 천제를 주관하는 솔안마을 대표인 통장과 반장, 제관들, 그리고 부녀회 회원들이 마을회관에 모여 제물을 준비하였다. 이때 가장 중요한 제물인 소고기는 정육점에서 구입하여 싸리나무 꼬챙이에 주먹고기 형태로 썬 덩어리를 10개씩 꽂은 소고기 꼬치를 만들어 두었다. 이와 함께 다음 날 마을 주민들이 먹을 소머리 국밥을 비롯한 각종 음식을 준비했다. 천제를 지낸 4월 23일에는 아침 일찍 천제당에 올라가서 가마솥을 걸고 음식을 준비해야 하나, 비가 하루 종일 내려 마을회관에서 제물을 준비하고 마을 주민 음복도 하게 되었다.

제의 과정을 소개하면 다음과 같다. 제관들은 천제당에 도착하여 화톳불을 마련한 후 미리 담가 둔 제주를 거른다. 제주는 위에 뜬 청주를 올린다. 그리고 현장에서 제물로 올릴 새우메를 짓고, 준비한 소고기 꼬치를 알불을 이용하여 불에 그슬리는 정도로 구워 낸다. 이와 같은 준비를 하는 중에 미리 준비한 제물을 제단에 진설한다. 진설도는 〈그림63〉과 같다.

제물 진설이 끝나면 제관이 향을 피운 후 술을 올리고 재배한다. 다시 술

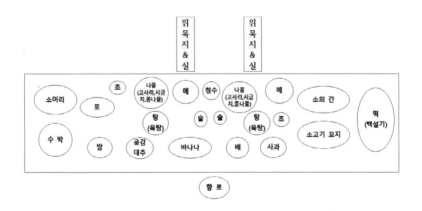

〈그림63〉 태백시 솔안마을 천제 진설도

〈사진64〉 태백시 솔안마을 천제를 위한 소고기 꼬치를 화톳불에 굽는 장면

을 2잔 올린 후 제물을 덮은 뚜껑을 열어 수저를 꽂고 모든 참여자들이 부복한 다음 축관이 축문을 읽는다. 독축이 끝나면 제관이 술을 올리고 재배한 후 메의 뚜껑을 덮고 재배한다.

이와 같은 절차를 마치고 헌관이 음복한 후 모든 참여자들이 재배하면 음식을 내리고 소지를 올린다. 소지는 천신과 산신 소지를 먼저 올린 후 마을 공동체를 위한 소지를 올린다. 소지를 올린 다음 화톳불에 둘러 모여서 동참한 주민들이 음복을 한 후 식사를 한다. 2018년 천제 당일 비가 많이 와서 부득이 마을회관에서 마을 주민 전체 음복례를 하였다.

태백시 백산마을을 비롯하여 솔안마을과 봉화군 대현리 천제에서는 공통적으로 '천신'을 모시면서 천제당이 위치한 산의 '산신령'도 모신다. 백산

〈사진65〉 태백시 솔안마을 천제 제물 진설

〈사진66〉 태백시 솔안마을 천제에서 제관이 술을 올림

마을에서는 '천신'을 '옥황상제(玉皇上帝)'라 적은 위패 형태로 모셨다. 제당에 건 편액이 '천제당(天祭堂)'이기에 '옥황상제'는 '천신(天神)'으로 볼 수 있다.

그리고 백산마을 천제당에는 옥황상제·연화산 산신령과 함께 '삼신(三神)'을 모신다. 백산마을 천제당을 중수하면서 천제당 오른쪽에 한 칸 규모의 칠성당에 모셨던 신령인 '칠성(七星)'을 천제당에 모신 신령들과 합사하는 과정에서 '칠성'과 유사한 기능을 지닌 신령인 '연화산 삼신(蓮花山 三神)'이라 하여 모신 것으로 여겨진다. 이에 '연화산 삼신'은 백산마을 천제에서 모시는 신령이 아니라고 여겨지며, 이는 제물 중 메를 2그릇 올리고, 축문을 보면 '연화산 삼신'과 관련한 내용이 없음을 통해 알 수 있다.[6]

백산마을 천제 축문을 보면 천제를 지내는 목적이 좀 더 명확하게 정리되어 있는데, 소개하면 마을 평안·역질 구축·해로운 금수를 멀리해 주실 것 등을 기원하는 내용이 담겨 있다. 구체적인 내용은 다음과 같다.

> 維歲次壬辰年三月乙丑朔二十八日壬辰
> 獻官 ○ ○ ○
> 謹具牲幣之需再拜致誠于
> 尊靈之前伏願 德被四海 新德新被
>   歲之大穰 洞之安平/ 疾之沔逐 害遠禽獸
>   玆値擇辰 禮齋牲幣/ 不足爲誠 百甘之味
>   燒紙上天 勿漏幣紙/ 伏願成就 敢告 尙/饗

---

6 백산마을 천제에서 '연화산 삼신'을 제의 대상 신령으로 모시지 않으나, 술과 청수를 각각 1잔 올려서 간단하게 위해 준다.

통동 시릉산 천제당에서 모시는 신령은 시릉산 산신과 천신이다. 이는 천제를 지낼 때 위목지를 2장 걸며, 메와 잔을 각각 2개 올리는 것에서 알 수 있다. 천제당에서 천신과 함께 산신을 모시는 이유는 천제당이 위치한 시릉산 산신을 터주로 여기기 때문이며, 주신(主神)은 마을을 관장하는 천신이다. 이에 2분 신령을 모신다.

태백시 솔안마을 축문은 다음과 같은데, 앞서 소개한 백산마을 천제에서 구송하는 축문 내용과 동일하다. 차이라면, 축문 내용 중 백산마을은 '동지안평(洞之安平)'이라 하였는데, 솔안마을에서는 '동지안녕(洞之安寧)'이라 하였다. 그 의미는 비슷하기에 축문을 통해 기원하는 바는 같다고 볼 수 있다.

維/ 歲次 戊戌年 三月 戊寅三月初八日 乙酉

獻官 ○○○/ 謹具牲幣之需再拜致誠于

尊靈之前伏願/ 德被四海 新德新被/歲之大穰 洞之安寧

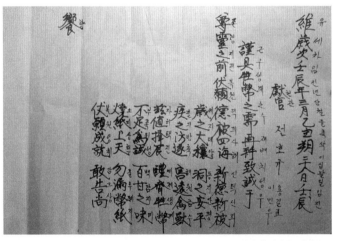

〈사진67〉 태백시 백산마을 천제 축문

疾之汾逐 害遠禽獸/ 玆値擇辰 禮齋牲幣

不足爲誠 百甘之味/ 燒紙上天 勿漏幣紙

伏願成就 敢告 尙/ 饗

　그러므로 태백산 자락에 위치한 3개 마을 천제당에서 공통적으로 모시
는 신령은 천신이고, 마을을 위한 신앙 기능을 수행하는 신령 또한 천신임
을 알 수 있다. 이와 함께 공통적으로 해당 천제당이 위치한 산의 산신을 함
께 모셨음을 알 수 있다. 여기서 모신 산신은 마을 주민들을 위한 신앙 기능
을 수행하기 때문이 아니라 해당 천제당이 위치한 산의 터주이기에 의례적
으로 모신 신령으로 볼 수 있다. 왜냐하면 의례 과정에서 해당 지역을 관장
하는 산신을 모셔서 축원하는 제차가 없기 때문이다.

　그리고 백산마을 천제당에서는 모시는 신령을 구체적으로 적은 위패와
위목지 형태로 신령을 모셨으나, 솔안마을과 봉화 대현리 천제당에서는 모

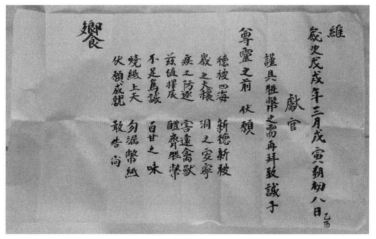

〈사진68〉 태백시 솔안마을 천제 축문

시는 신령을 위목지 형태로만 시렁에 걸어 모셨다. 이를 통해 백산마을 천제당에서는 모시는 신령들의 신체를 위패와 위목지의 2가지 형태로 모셨음을 알 수 있다.

(3) 태백 백산마을과 솔안마을 천제의 구조와 의미

마을의 문화 전통, 지리·지형적 요소와 교류 환경, 경제 여건, 구성원들의 성향과 구성 형태가 마을별로 다르다. 이에 마을에서 천신을 모셨더라도, 그 운영 형태나 추구하는 기능 등은 매우 다양하게 나타난다.

마을 천제에 관한 기존의 조사·연구 성과를 분석한 결과, 국가 차원의 천제와는 달리 마을 천제는 마을 구성 요소와 환경, 주위 여건 등을 고려한 종교적 기능을 수행하기에 특정 영역을 관장하는 산신이나 서낭신과는 달리 다양한 종교 기능을 수행하는 마을 천제로 자리매김하여 전승되고 있다.

마을 천제의 주요 기능을 중심으로 천제의 성격을 좀 더 구체적으로 소개하면, 첫째, 역병이나 소 전염병 등이 창궐하면 악질을 구축하려는 염원을 담아 마을 천제를 지내기도 한다.[7] 둘째, 중심 마을에 있는 천제당에서의 천

---

7 이와 같은 염원을 담아 천제를 지낸 사례는 삼척시 미로면 내미로리 천제에서 확인할 수 있다. 이 마을에서는 소가 병이 들어 죽고, 마을 청년들이 다수 자살하는 등 우환이 끊이지 않자 마을 내 천제봉에서 10년에 1번씩 소를 희생으로 하여 날을 받아 천제를 지냈다. 이후 마을의 우환은 사라졌으나, 그 전통은 계속 이어지고 있다. 위 사례 이외에도 충청북도 진천군 초평면 금곡리 금한동 천제, 전라남도 여수시 화정면 개도리 화개산 천제단에서의 제의, 경상북도 울진군 금강송면 쌍전리 독미산 천제당을 비롯하여 전국적으로 많이 발견된다. 그런데 금한동 천제 사례를 보면, 천제를 지낸 시기가 매년 정월 대보름 이전 좋은 날을 받아서 자시에 지냈다는 것으로 보아 천제를 지낸 계기는 역질 구축이었으나, 그 전통을 계속 이어가는 과정에서 3년에 한 번씩 지내는 마을 제의로 정착되어 현재에 이르는 것으로 볼 수 있다. 울진군 금강송면 쌍전리를 비롯하여 마을 제사로 정착되어 전승되는 유사 사례들이 다수 발견되는 것으로 보아 역질 구축을 위해 천제를 지낸

제는 상호 연결성이 있는 여러 하위 마을 주민들을 아우르는 구심체 역할을 한다.[8] 셋째, 가뭄이 들면 기우제를 지내는데, 천제단이 기우제장으로 기능하여 여기서 모시는 천신이 가뭄을 해소하는 데 도움을 준다고 믿는 사례들도 있다.[9]

전통이 정기적으로 지내는 마을제의 전통으로 정착되었음을 알 수 있다.

8 강원도·경상도를 비롯하여 많은 마을에서 큰서낭당·도서낭당·대서낭당 등의 명칭을 지닌 마을제당들이 있다. 이것은 제당이 위치한 마을이 인근 마을의 중심지 역할을 하여 큰서낭당에서 마을 제사를 지낸 후 하위 마을에서 마을 제사를 지내는 상하 위계를 보여주는 사례이다. 천제당은 이와 같이 여러 하위 마을 주민들을 아우르는 중심 제당 역할을 하여 같은 생활권 또는 문화권에 속한 하위 마을들이 천제를 통해 결속을 다질 수 있는 계기를 마련한다. 이와 같은 역할은 오랫동안 지속되기도 하지만 주변 상황의 변화에 의해 그 위상이나 역할이 변동되기도 한다. 즉 그 위상을 계속 유지하는 사례도 있지만, 이들 간의 관계성이 약화되어 천제당이 소재한 마을에서 천제당이 상당의 기능을 하는 사례가 있다. 이에 따라 실제 마을 주민들이 요구하는 종교적 기능은 서낭이나 당산할머니 등이 수행한다. 이와 관련한 대표적인 사례는 앞서 소개한 삼척시 원덕읍 월천3리 가곡산 천제단, 삼척시 신기면 대평리, 삼척시 근덕면 교가2리 제동마을 사례를 들 수 있는데, 이들 마을에서는 천제당을 상당으로 여겨 가장 큰 정성을 드린다. 이에 비해 인근의 원덕읍 호산리 해망산 천제단에서의 제의, 도계읍 무건리 천제, 근덕면 초곡리의 천제, 근덕면 궁촌2리에서도 천제단에서의 제의를 상당에서의 제의로 여기고 있으나, 실제 마을의 안녕과 풍요를 위하여 성황신을 더 중요하게 여긴다. 천제당의 기능이 약화되어 천제당에서 하위 마을 단위로 설행하는 서낭고사 또는 당산제만 행해지는 사례들도 많이 나타난다. 천제 중심의 마을 간 결속력이 약화되어 천제당에서 천제가 사라지고, 하위 마을 단위의 마을 제사만 명맥을 유지하는 정읍시의 내동마을, 삼척시 성북동 등의 사례를 통해 알 수 있다.

9 즉 농촌에서 비가 안 내려 한발(旱魃)의 피해가 극심해지면 기우제를 천제단에서 지내기도 하였는데, 이를 '천제(天祭)'로 여기는 마을들 중 대표적인 사례를 삼척시 가곡면 동활리에서 확인할 수 있다. 동활리 천제단은 1964년까지 부체바위[부처바위] 앞에 있는 마당바위[지금은 도로 개설되어 있음]에서 비가 오지 않아 농업에 큰 지장이 있으면, 황소를 제물로 하여 천제를 지냈다. 마을에서는 '기우제'라고도 하였으나, 비에 대한 염원을 하늘에 빌었기에 '천제'라 하였다. 기우와 함께 풍농과 마을의 풍요를 기원하였다고 한다. 그리고 천제를 지내지 않으면 마을이 없어진다고 하여 지낸다는 얘기도 전한다. 천제 지낸 과정을 소개하면 다음과 같다. 주로 봄에 날을 받아서 지냈는데, 주요 제물인 소는 동활리 주민들이 가구별로 성의껏 낸 돈으로 마련하였다. 마을이장이 주관하여 날을

그리고 마을 천제를 분석할 때, 천신과 함께 모신 신령과의 관계와 종교적 기능·위상 등을 중심으로 마을에서 모시는 천신 중심의 마을공동체 신앙 구조를 분류하면, 마을 신앙 구심체로 기능하는 천제, 상당에서의 제의로 기능하는 천제, 매년 또는 일정 기간에 한 번 기우 또는 역질 구축을 위해 지내는 천제, 상당과 하당으로 구분되는 마을 제의 중 하당 제의인 거리고사에서 상위 신령으로 모시는 천신을 위하는 유형, 다른 신령들과 함께 좌정하여 단위 마을을 위한 마을 신앙으로 기능하는 천제로 구분할 수 있다.[10]

마을 천제는 그 기능과 마을 내 다른 신령과의 관계에 따라 다양한 형태로 전승된다. 이 과정에서 마을마다 종교적 염원이 각각 다르므로, 이를 구현하기 위하여 천신과 함께 마을에서 요구되는 종교적 기능을 수행하는 다양한 신령들을 모시며, 그 기능 또한 마을별·상황별로 다양하다.

앞서 소개한 태백시 백산마을·솔안마을 천제와 봉화군 석포면 대현리 천제는 천제 중심의 마을공동체 신앙 구조 중 두 번째 유형인 관계성이 있는 하위 마을들을 관장하는 마을 신앙 구심체로 기능하는 천제이다. 하위 마을들을 모두 아우르는 구심체 기능을 하는 중심 마을의 천제당은 관련 마

받아 지냈으며, 제관은 생기를 맞추어서 삼헌관을 뽑았다. 마지막 천제의 제관은 '마을의 심구장, 순화할아버지, 윤구장님네'가 담당하였다고 한다. 천제를 지내기 전날 현장에서 소를 잡은 후 다음 날 새벽에 제사를 지냈다. 이 때 생고기를 제상에 진설하였는데 그 부위는 소머리·다리이고, 이와 함께 메 1그릇, 채소, 술[막걸리]을 제단에 진설하였다. 진설이 끝나면 삼헌관들이 각각 술을 올리고 절을 한 후 소지를 올렸다. 이 때 개인 소지는 올리지 않고 동네 소지를 올리며 비와 풍농·풍요 등을 기원하였다고 한다. 마을 사람들은 천제를 지내면 3일 이내에 비가 온다고 믿었다. 부처바우가 있는 골짜기에는 부정을 방지하기 위하여 우마는 물론 상여와 신행 가마도 다니지 못하였다. 김도현, 「강원도 영동 남부지역 고을 및 마을 신앙」, 고려대학교 박사학위논문, 2009, 115쪽.

10 김도현, 「강원도 영동 남부지역 고을 및 마을 신앙」, 고려대학교 박사학위논문, 2009, 110~118쪽.

을들을 대표하는 제당이다. 이에 하위 마을 대표들이 천제당에 모여서 마을 천제를 지낸 후 하위 마을 단위로 마을 제사를 지내기에 상하 위계를 보여주는 유형이다.

구체적인 사례는, 강원도 삼척시 도계읍 점리 천제단에서 3년 주기로 하위 마을 전체를 관장하는 마을 천제를 지내는 사례, 충청북도 진천군 백곡면 대문리에 속한 상수문 · 중수문 · 하수문 등 하위 마을 각각에 천신과 산신을 각각 모시는 제단이 있어 매년 정월 초에 마을 제사를 지낼 때 각 마을마다 천신을 먼저 모신 후 그 아래의 산신단에서 산제를 지냈으나, 마을들이 분화되면서 다른 지역 사례와는 달리 천제를 지낸 전통을 단위 마을에서도 계속 유지한 사례 등을 들 수 있다.[11]

이에 해당하는 천제당은 같은 생활권 또는 문화권에 속한 하위 마을들이 천제를 통해 결속을 다질 수 있는 계기를 마련한다. 이 유형에 속한 천제 중 천신과 함께 산신을 모신 사례도 있는데, 산신에 의탁하여 종교적 염원을 달성하려는 목적이 있어서라기보다 천신이 좌정한 천제당이 있는 곳을 관장하는 산신을 위한 의례로 볼 수 있다. 이와 관련한 내용은 본고에서 제시한 사례와 함께 태백시 함백산 절골 천제당 사례 등을 통해 알 수 있다.

강원도 태백시 백산동 번지당골과 솔안마을 천제당에서는 격년제로 돌아가며 마을 천제를 지내기에 이들 마을에서의 천제당은 관련 마을들을 포괄하는 중심 마을 제당의 위상을 지녀서 하위 마을 대표들이 천제당에 모여 마을 천제를 지낸 후 하위 마을 단위로 마을 제사를 지내기에 상하 위계를 보여준다.

---

11 김도현, 「마을 천제의 구조와 성격」, 『한국민속학』 69, 한국민속학회, 2019.

그리고 태백시 백산마을 천제와 봉화군 석포면 대현리 천제는 운영 형태에서 보면, 큰 틀에서는 천제 중심의 마을공동체 신앙 구조 중 두 번째 유형인 '관계성이 있는 하위 마을들을 관장하는 마을 신앙 구심체로 기능하는 천제'로 볼 수 있으나, 세부적으로 보면 백산마을 천제는 천신이 다른 신령들과 함께 좌정하여 마을 주민들을 위한 공동체 신앙으로 기능하면서, 한편으로는 역질을 구축하기 위한 목적도 내포하고 있다.

이와 함께 백산마을에서는 천제당이 천신과 함께 산신·삼신을 모시기에 마을공동체 신앙의 제장 역할을 하면서, 다른 한편으로는 개인 신앙의 처소로도 기능한다고 볼 수 있다. 그러므로 태백산 자락의 마을 제의에서 모시는 천신은 특정 영역을 관장하는 산신이나 서낭신과는 달리 최고의 능력을 지닌 신령으로 여겨지며, 연결성이 있는 다수의 하위 마을 주민들이 1년 또는 수년에 한 번씩 열리는 천제를 통해 소통과 화합의 장을 마련하기위해 제의를 지내는 것을 알 수 있다.

현재까지 알려진 천제(天祭), 또는 제천(祭天)이라 불리는 하늘[天]에 대한 제의 사례는 크게 3가지 유형으로 구분할 수 있다. 첫째, 고대부터 현재에 이르기까지 국가 차원이나 특정 산의 권역을 중심으로 행해진 천제, 둘째, 강원도 삼척을 비롯하여 전국 각지에서 간헐적으로 보이는 마을 단위, 또는 여러 개의 마을이 함께 지낸 천제, 셋째, 개인이나 특정 종교 집단 차원에서 행한 천제로 구분할 수 있다.

태백산에서 천제를 지내는 전통은 필자가 설정한 위의 3가지로 구분하여 이해할 수 있다. 첫째 유형과 관련하여, 태백산을 천제 지내는 성소로 여겨서 제단을 쌓아 천제를 지내거나, 천신이 강림하는 장소로 여기는 사례들을 소개하면, 태백산이 지닌 민족의 영산이라는 관념 속에서 구국의 성지로 인식된 것과 관련하여 1937년 태극교도(천지중앙 명류도)들의 활동이 주목된다. 이들은 조선의 독립을 기원하기 위해 태백산 정상에 구령탑(九靈塔)을 쌓고, 1938년 6월 15일(음력 5월 7일) 윤상명·최익한·유형호·유형남·이창순·이금손·주인섭·고병월 외 18명의 교도들이 제수를 준비하여 6월 16일(음력 5월 8일) 오전 0~3시 사이에 독립 기원제를 지냈다. 이때 구령탑 주위에 태극기·28수기·팔만기·오행기·일월성신기·구령기 등을 세웠다. 이러한 의례는 현재 '태백산 천제'의 모습을 갖추는 데 중요한 기준으로 작용하였고, 그 전통은 오늘날까지 이 지역 주민들에게 이어지고 있다.

셋째 유형과 관련하여 태백산에 소재한 각종 산당이나 기도터에서 태백산신과 함께 천신을 모시거나, 신종교에서 천신을 모시는 사례들을 다수 확인할 수 있다. 구체적으로 소개하면, 구한말부터 일제강점기에 이르는 동안 태백산은 하늘을 중시하는 신종교인들이 모여드는 성지이자 구국의 성지로 부각되기 시작했다. 동학을 창시한 최제우 사후 동학교도들이 태백산 권역에 모여들었으며, 다양한 신종교의 신자들이나 종교 지도자들이 태백산으로 모여들어 천신에게 제사지낸 사례들이 있다.

동학과 관련한 내용은 『최선생문집도원기서』를 비롯하여 동학 관련 자료집에 자세하게 소개되어 있는데, 이 자료들을 통해 동학은 하늘[天]을 중시하면서 발흥했기에 설단제천(設壇祭天)이 지속되었음을 알 수 있다. 초기 동학을 이끌던 지도자인 이필제는 1871년에 영해신원운동을 시작하기 전에 설단제천했다. 관에 쫓겨 다니면서도 설단제천 후에 인근 관아를 습격했다. 이 외에 정선에 머물던 최시형이 갈래산 적조암에 들어가 49일 동안 기도를 했는데, 이때 "태백산 중에 들어 49일 기도드리니, 한울님께서 여덟 마리 봉황을 주어, 각기 주인을 정해 주셨네."라는 시를 썼다. 갈래산은 태백산 권역에 속하였기에 태백산으로 간주하며, 이곳에서 한울님을 만났다. 이처럼 태백산은 천신을 만나는 곳으로 강하게 인지되고 있었다.

그리고 태백산 자락에는 건물 형태의 산당인 윤씨산당·유복산당·팔보암·미륵암 등 개인 산당들이 많다. 이들 산당에서는 태백산신을 비롯하여 단군·천신·서낭·용신 등 다양한 신령을 모신 제의 공간을 각각 마련하여 운영하고 있다. 그러나 그 이전에도 움막 등의 형태로 태백산에서 산기도나 산치성을 드릴 때 태백산신과 함께 천신을 모신 사례 관련 제보는 많다. 이와 같은 전통이 현재까지 이어져서 태백산 내 대부분의 산당에서 천신을 별도로 모시고 있다.

위에서 소개한 2가지 유형과는 달리 태백산 지역에서의 마을 천제 전승 양상은 둘째 유형에 해당되어, 마을 단위로 하위 마을을 대표하는 곳에 천제단을 만들어 천제를 지내는 형태이다. 이와 같은 형태의 제의 사례는 구한말 이전부터 행해진 전통으로 태백산을 중심으로 강원도 영동 남부 지역에서 다수 발견되고 있다.

그리고 천제당에서 모시는 신령을 좀 더 구체적으로 살펴보면 천신만 모시는 유형, 천신과 산신을 함께 모시는 유형, 천신과 여러 신령을 함께 모시는 유형, 제당 명칭은 '천제단'인데 모시는 신령은 서낭이나 산신 등 천신으로 이해될 수 있는 신령과는 전혀 다른 신령을 모시는 유형으로 구분할 수 있다. 태백산 지역 마을 천제에서 모시는 신령은 천신과 산신을 함께 모신 유형에 속한다. 태백시 삼수동 절골 천제를 비롯하여 이와 유사한 사례들이 주요 산을 중심으로 나타나는데, 천신과 함께 모시는 산신은 제당이 위치한 주산(主山)을 관장하는 산신령이기에 모시는 것이다. 이들 제당에서는 1년 또는 그 이상의 주기를 설정하여 정기적으로 제사를 지내는 경우가 대부분이다.

마을 천제당이 위치한 곳을 중심으로 유형을 구분하면, 태백산 줄기가 끝나는 능선의 아래쪽에 위치한 유형, 천제당으로 불리는 제당이 하천 옆이나 하천 중간에 형성된 섬 내부에 위치한 유형, 천제당이 산 중턱쯤에서 계곡물이 Y자로 만나는 곳 내부에 위치한 유형, 산 중턱에 위치하여 마을을 내려다보는 위치에 있는 유형, 산 정상부에 위치한 유형으로 구분할 수 있다. 솔안마을과 백산마을의 천제당은 천제당이 산 중턱쯤에서 계곡물이 Y자로 만나는 곳 내부에 위치한 유형에 속하나, 봉화 대현리의 천제당은 산 정상부에 위치한 유형에 속한다. 이를 통해 태백산 자락에 있는 마을 천제당은 마을이 위치한 여건과 주변 환경을 고려하여 천제당을 설치하였음을 알 수 있다.

천제당의 형태는 산 능선에서 돌담을 두른 형태, 당집 형태, 하천 옆에 임시 제단을 가설한 형태로 구분할 수 있는데, 태백산 자락에 있는 천제당은 당집 형태였음을 알 수 있다. 당집 형태의 천제당은 대부분 마을의 상당이거나 중심 제당으로서 매년 제사를 지내는 곳이기에, 태백산 자락에서 마을 천제를 지내는 마을은 매우 안정된 상태에서 오랜 기간 동안 마을 천제를 지냈음을 알 수 있다.

마을 천제의 위상, 천신과 함께 모신 신령과의 관계와 종교적 기능 등을 중심으로 천제 중심의 마을공동체 신앙 구조를 분류하면, 상당에서의 제의로 기능하는 천제, 관계성이 있는 하위 마을들을 관장하는 마을 신앙 구심체로 기능하는 천제, 다른 신령들과 함께 좌정하여 단위 마을을 위해 마을 신앙으로 기능하는 천제, 매년 또는 일정 기간에 한 번 기우 또는 역질 구축을 위해 지내는 천제, 상당과 하당으로 구분되는 마을 제의 중 하당 제의인 거리고사에서 상위 신령으로 모시는 천신을 위하는 유형으로 구분할 수 있는데, 태백산 자락에 위치한 마을 천제의 구조는 본문에서 소개한 바와 같이 관계성이 있는 하위 마을들을 관장하는 마을 신앙의 구심체로 기능하는 천제로 볼 수 있다.

그러므로 태백산 자락의 마을에서 모시는 천제는 마을 단위에서 모시는 신령보다 상위 신령으로 여겨지는 천신을 모시고 마을 주민들의 종교적 염원이 이루어지길 기원하면서 전체 마을 주민들의 화합을 위해 천제를 지내는 것으로 볼 수 있다.

태백산 지역을 중심으로 산견되는 마을 천제 사례들과 함께 전국에 산재한 마을 중 천신을 모신 사례들을 조사함으로써 그 전승 양상과 의미를 파악하여 마을 천제의 다양한 종교적 기능을 분석하는 것은 우리 민족의 공동체 신앙을 다양하게 이해하는 데 매우 중요한 요소가 될 수 있다.

2) 강원도 삼척 도계읍 점리 천제

(1) 마을 소개

점리(店里)는 옛날에 토기점(土器店)이 있었으므로 점리라 일컫는다. 17세기 중반에 울진 장씨 운세(雲世)가 이주해 온 이후로 여러 성씨들이 연이어 이주해 왔다. 1910년경에 호수는 73호이고 인구는 360명이었다고 한다.

리세는 당시 소달면의 서남단에 위치하여 동쪽과 북쪽은 눌구리에, 서쪽은 하장면에, 남쪽은 도계리에 서로 접하고 있으니 동서 1.5리 남북 1리이다. 계곡(溪谷)·음지(陰地)·독곡(獨谷)·평전(平田)·눌통(訥桶)·성황(城隍)·양지(陽地) 등 일곱 개의 마을로 이루어져 있다. 구봉산(九峯山) 줄기가 사방으로 뻗어 내렸는데 동쪽의 수리봉(修理峯)이 가장 높고 험하다. 도로는 하장면 상사미(1리)와 소달면으로 통한다.

주요 농산물은 귀리·메밀·콩·팥·대마(大麻)·조·감자 등이다.

(2) 제의 개요

삼척시 도계읍 점리마을 전체를 아우르는 제당 이름은 천제단이고, 모시는 신령은 천신이며, 천제봉 9부 능선쯤에 위치해 있다. 천제단은 소나무 아래에 돌담을 둥글게 두르고, 그 내부에 돌로 쌓은 제단을 설치한 후 제단 위에 천신을 모시기 위한 돌 하나를 위패처럼 세운 후 여기에 실을 둘러 한지를 매어 두었다. 천제단은 동남 방향으로 향해 있는데, 구체적으로 북쪽에서 동쪽으로 틀어서 남쪽으로 향해 있다.

원래 천제단이 제단 형태로 있었으나 2006년 화재가 난 후 급조하여 제당 형태로 건립하였다. 이후 지난 2015년 3월 30일 주민들이 정성을 모아 제당 건물을 헐고 위와 같은 형태로 다시 지어 오늘에 이르고 있다.

2006년 도계읍 점리 천제단 건물을 신축한 후 제당 내부에 걸어 놓은 편액에 그 유래를 적었는데, 이 편액을 통해 유래를 조금이나마 알 수 있기에 소개하면 다음과 같다.

천고사(天告祀) 연대는 알 수 없으나, 수백 년 전부터 점리 주민이 오래된 노송 밑에서 천신·지신·산신께 3년에 한 번씩 제사를 올리고, 동네에 모든 재앙이 없게 빌며, 복을 기원하였음. 오랜 세월이 흘러 노송이 수명이 다되어 고사된 상태에 이르러서는 외부인이 이곳에 와서 기도하는 중 촛불이 넘어져 모신 고사목이 화재를 만나 전소되어 마을 주민이 협력하여 서기 2006년 병술(丙戌) 음력 5월 천제당을 짓게 되었다. -목수 박흥신, 장운봉.

인근에 위치한 태백산에서 매년 천제를 지내고 있으나, 마을 주민들은 점리 천제단이 태백산 천제단과 별개라고 여기고 있다.

점리 천제는 3년에 한 번, 음력 3월 중에 날을 받아서 지내는데, 구체적으로 만 2년 만에 지낸다고 볼 수 있다. 천제를 지낼 때 소를 잡아서 지냈으나, 언제부터인가 암퇘지를 잡아서 천제를 지내게 되어 오늘에 이른다. 마을 기금이 있음에도 제수 비용은 성심을 다한다는 의미에서 십시일반으로 내어 정성을 모아서 지낸다.

점리에는 하위 마을 단위, 즉 반별로 서낭이 있어 마을 단위로 매년 서낭고사를 지낸다. 그러나 점리 주민들은 천제단에서 모시는 천신을 더 높게 여기며, 서낭은 반 단위로 개인별 안위를 위해 모신다고 한다.

참고로 점리 1반에는 성황당이 2개 있었는데, 아래 성황당은 마을 주민들이 모시고, 위의 성황당은 개인이 모셨다고 한다. 마을 단위로 지낸 서낭제사를 '당고사'라 하였으며, 음력 정월에 날을 받아서 자시에 제를 올렸으나, 날이 추워 지금은 단오날 자시에 마을 전체 주민들의 정성을 모아 모신다. 모신 신령은 산신·서낭·지신이며, 당시 준비한 제물은 메 3그릇·술 3잔 등 기제사와 비슷하게 준비했다.

음지마을에는 개인 서낭이 있었다고 한다.

안음달은 점리 안으로 들어가면 있는데, 4집이 살고 있어 예전에는 모두 서낭을 모셨으나, 지금은 가까이 있는 사람만 다니고 해마다 5월 단오날 모신다. 이를 '서낭고사'라 부른다. 제물은 백설기·포·과일·메 한 그릇·물·돼지머리이고, 술은 집에서 담근 것으로 준비하였다. 옛날에는 '강닝이(강냉이) 모아서 뒤 말씩 해 가지고 싹 내 가지고 빻아서 끓이고 큰 독에 해서 먹고 저녁에 모여서 하는 사람은 가고 안 가는 사람은 놀고' 그랬다고 한다. 서낭고사 비용은 마을에서 돈을 모아 충당하였는데, 2만 원보다 더 거둬 갔다고 한다. 제물 준비하는 집을 당주라 하고, 당주는 그해 생기가 맞아야 된다. 옛날에는 정월 대보름날 밤에 갔는데 지금은 5월 단오에 간다. 깨끗한 분들만 가서 절을 한다. 집집마다 대주 소지를 올리는데, 아들네도 올려 준다.

점리마을 천제단에는 점리를 구성하는 모든 마을을 관장하는 신령으로 천신을 모셔서 점리 전체의 안녕과 풍요를 기원하고, 하위 마을 사람들의 소통과·화합·단합을 도모하는 의미가 강하게 내포되어 있다. 이에 비해 하위 마을 단위로 있는 서낭당은 해당 마을의 안위를 관장하는 기능을 하는 것으로 볼 수 있다.

다른 지역과는 달리 점리 천제단에서 기우제나 역질 구축을 위한 제의는 없었다고 한다. 왜냐하면 늪이 매우 많아 물이 풍부하였으며, 산간 지역이어서 역병이 발생할 가능성이 적어서라고 한다. 이에 더하여 물이 풍부하므로 용왕제도 당연히 안 지냈다고 한다.

현재 삼척시 도계읍 점리 천제는 점리 전체 주민들의 정성을 모아서 마을 이장과 하위 마을 반장 등 마을 지도자, 그리고 복재 등에 의해 전승되고 있다. 점리는 원래 12개 반이었으나, 현재 7개 반이 유지되고 있다. 따라서 전승 지역은 도계읍 점리 7개 반 전체 지역으로 볼 수 있다.

점리 천제는 점리에서 수 대에 걸쳐 살아온 마을 어르신들이 지도하고, 마을 지도자들이 적극적인 주도하며, 마을 주민 전체가 적극적으로 동참하여 3년에 한 번씩 꾸준하게 전승되고 있다. 원래 하위 마을 단위로 매년 서낭고사를 지내지만, 천제는 이들 모든 하위 마을 주민들이 마을 내 이장과·반장들·부녀회 등의 동참 요청에 적극 호응하여 매우 안정적으로 전승되고 있다.

점리 천제에서는 희생으로 올리는 돼지 제물을 매우 중요하게 여긴다. 돼지는 천제 전날 당주댁 마당에서 잡는데, 2015년에는 당주인 장○○이 시간은 특정하지 않고, 마을 내 반장들과 지도자들의 도움을 받아서 준비하였다. 목을 딴 후 돼지털을 그슬리지 않고, 뜨거운 물을 부어 면도하는 방법으로 털을 제거하고, 부위별로 해체하였다. 돼지고기는 통돼지 형태로 올리는 것은 아니나 머리, 갈비, 살 등 모든 부위들을 골고루 올린다.

천제를 지낼 때 제관은 3분을 모셨는데, 초헌관은 점리 이장님 · 아헌은 당주 · 종헌은 노인회장님으로 선정하였으나, 노인회장님은 선임 후 갑작스런 개인 사정으로 못하게 되어 박○○이 대신하였다. 제물 준비는 7개 반 반장과 지도자들이 당주를 도와주는 형태로 준비하였다.

천제에는 부정이 없는 사람은 모두 참여할 수 있으나, 2015년에는 반장 위주로 뜻있는 분 여럿이 참여하였다. 천제를 지낸 구체적인 과정을 소개하면 다음과 같다.

천제는 2015년 4월 21일(음력 3월 3일) 자시에 지냈으며, 제관들은 청포를 입었다. 당주와 제관들은 준비한 제물을 가지고 천제당 앞에서 짚을 태워 여기를 넘어가서 부정을 가셔 내었다. 이때 당주가 먼저 넘어가고, 제관들이 뒤이어 넘어갔다.

천제단 입구에는 미리 금줄을 걸어 부정을 막으려 하였다. 제관들은 천제 단에 제물을 진설하기 전에 신문지를 펴고 그 위에 한지를 덮어 제물을 진설하였다. 진설한 제물은 총 3상(天神 · 山靈 · 地神)으로 돼지머리와 떡(백설기)시루는 각 1개, 돼지갈비 2접시, 메, 술, 채소(무 · 시금치 · 고사리), 포, 삶은 돼지고기 산적, 오징어포, 3실과, 배, 사과 등이다. 중앙에 천신 위목지를 매고, 제수는 왼쪽부터 천신 · 산신 · 지신을 위한 제물을 진설하였다.

제물을 진설한 후 세워진 돌에 매어 두었던 위목지를 제거하고 새 위목지를 실을 이용하여 돌에 매었다.

제의 진행 순서는 초헌관이 분향한 후 재배 · 강신 · 재배하고, 술을 한 잔 땅바닥에 세 번 나누어 부은 이후 참여자들 모두 절을 두 번 하였다. 이후 초헌관이 잔을 각 신위별로 세 번 올린다. 이후 개반, 삽시를 한 후 참석자 모두 부복한 다음 축관이 축문을 읽었다. 축문은 천황·산령·지황을 모셔서 마을에서 염원하는 것을 축원하는 축문이다. 축문을 다 읽은 후 참여자 전원이 재배한 다음 아헌관과 종헌관이 차례로 각각 3잔씩 올리고 재배하였다. 이후 갱물하였다. 이러한 절차를 모두 마친 후 소지를 올렸다. 소지는 점리 7반에 거주하는 장○○님이 담당하였는데, "삼월 초이틀에 날을 받아 천신 산신 지신님을 모셔서 소지 1장을 올리겠다."고 구송한 후 운수대통하고, 재수소망하고 등 나쁜 액은 물러가고 복을 받으라고 소지를 올렸다. 천신·산령·지신을 위한 소지를 순서대로 1장씩 올린 후 마을 소지를 올리고, 제관들 소지도 각각 올려 주었다. 이후 이장, 반장을 비롯하여 개별 소지를 올려 준 후 마을 주민들을 위한 개별 소지를 올려 주었다. 소지를 모두 올린 후 참여자 모두 합동 재배를 하여 천제를 마쳤다. 이후 천제에 참여한 일반 주민들이 개인적으로 술을 올리고 재배하였다. 이와 동시에 제관과 당주 등은 음복을 하였다.

천제를 지낸 후 당주집에 제관들과 참여한 마을 주민들이 모두 모여 제수를 함께 먹었으나, 지금은 오전 중에 마을회관에 주민들이 모두 모여 마을 잔치를 하는 형태로 운영되고 있다.

점리 천제는 마을 전체를 아우르는 마을공동체 신앙 형태였기에 반 단위 서낭고사보다 제물이 풍부하고, 제의 절차와 소지 올림에는 마을 주민들 모두를 아우르는 목적성을 구현하고자 했고, 제의 후 전체 주민이 모두 모여 잔치를 하는 형태로 전개될 수 있었다.

(3) 의미

마을 천제의 기능 중 중심 마을에 있는 천제당에서의 천제는 상호 연결성이 있는 여러 하위 마을 주민들을 아우르는 구심체 역할을 하는 기능이 있

〈사진69〉 도계읍 점리 천제단 전경(2015년 4월 20일)

〈사진70〉 도계읍 점리에서 천제를 지내기 위한 진설(2015년 4월 21일)

〈사진71〉 도계읍 점리 천제에서 축문을 읽음(2015년 4월 21일)

〈사진72〉 도계읍 점리 천제에서 소지를 올림(2015년 4월 21일)

다. 강원도·경상도를 비롯하여 많은 마을에서 제당이 위치한 마을이 인근 마을의 중심지 역할을 하여 큰서낭당에서 마을 제사를 지낸 후 하위 마을에서 마을 제사를 지내는 상하 위계를 보여주는 사례가 있는데, 천제당은 이와 같이 여러 하위 마을 주민들을 아우르는 중심 제당 역할을 하여 같은 생활권 또는 문화권에 속한 하위 마을들이 천제를 통해 결속을 다질 수 있는 계기를 마련한다.

점리 천제는 점리를 구성하는 하위 마을들을 모두 아우르는 상당의 역할을 하여 천제를 중심으로 점리에 속한 모든 마을의 결속을 강화하는 역할을 수행한다. 현재 점리에 속한 반 단위의 마을에서는 반 단위 서낭제가 점차 약화·소멸되고, 3년에 한 번씩 지내는 천제에는 모든 마을 주민들이 동참하는 형태로 마을 제의가 운영된다.

3) 경상북도 봉화군 대현리 천제[12]

(1) 마을 소개

봉화군 석포면 대현리는 경상북도 봉화군 동북부에 위치하여 북쪽으로 태백시와 경계를 이루고 있다. 대부분의 지역이 1,000m 내외의 험준한 산지이며, 태백산에 연접해 있으면서 청옥산(1,277m)·연화봉(1,053m)·월암봉(1,082m) 등이 있고, 청옥산자연휴양림과 백천계곡이 있다. 백천계곡은 태백산에서 발원한 옥계수가 해발 650m 이상의 높은 고원을 16km에 걸쳐 흐르면서 만들어 낸 계곡이다. 백천계곡은 발원지인 태백산을 비롯하여 연

---

12 김도현, 「태백산 지역에서의 마을 천제 전승 양상과 의미」, 『한국 종교』 48집, 원광대학교 종교문제연구소, 2020년 8월.

화봉(1,052m), 청옥산(1,276m), 조록바위봉(1,087m) 등의 높은 산에 폭 감싸여 있어 계곡의 물이 맑고 수온이 낮아 같은 위도 상에 있는 다른 지역에서는 서식하지 않는 세계적인 희귀어종 열목어(熱目漁)의 세계 최남단 서식지(천연기념물 74호)로 알려져 있다.

봉화군 현동휴게소에서 대현리로 넘어오는 고갯길이 청옥산 넛재인데, 50리가 넘는 구간이다. 고갯마루에 현동과 대현리 주민들이 매년 4월 8일(음력) 산신제와 서낭제를 지냈던 산신당과 서낭당이 제당 형태로 세워져 지금까지 제의 장소로 유지되고 있다.

대현리에는 언덕 위에 억새풀과 속새가 유난히 많이 자생하는 속새골이 있다. 1970년경 밭 주위에 연화광업소가 직원 사택을 신축하여 100여 가구가 살고 있었으나, 1989년 대현 2리에 아파트 3동을 신축하여 이주하였고, 1993년 9월 1일 연화광업소가 휴광되면서 사택이 멸실되어 공터로 남아 있다가 1994년 3월 햇볕이 바른 곳이라 하여 명태 건조대가 설치되었다.

평천(坪川)은 300여 년 전 강원도 정선에서 이주해 온 강릉 김씨(江陵 金氏)와 강원도 삼척에서 이주해 온 김해 김씨(金海 金氏)가 정착하여 오다가, 그 후 진주 강씨(晉州 姜氏)가 이주해 온 후 땅을 일구어 주로 옥수수·감자 등의 밭농사를 지으며 현재의 '드르네'라는 마을을 이루었다. 고지대의 평지로서 마을 한가운데로 연화봉에서 비롯된 내가 흐르고 있었으나 평천마을 입구에 1961년 2월 1일 영풍산업(주) 연화광업소가 건립되면서 평지에 사원 사택을 지어 50여 가구가 살고 있었다.

달바위골(월암)은 마을의 남쪽에 달바위라는 높은 암석 봉우리가 있어 유래된 이름이다. 멀리서 바라보면 달처럼 둥실 떠 있는 기묘한 형상이어서 달바위라고 명명되었으며 바위 정상에는 가마솥 뚜껑만한 검은 왕거미가 살고 있다는 이야기가 전해져 오며, 옛날 어느 도인이 바위 밑에 기거하였다고 하며, 현재도 집터가 남아 있다.

(2) 제의 개요

　매년 음력 4월 8일 경상북도 봉화군 석포면 대현리에서는 인근 마을로 통하는 넛재에서 산신제와 성황제를 지낸 후 낮 12시경에 대현리 전체 주민이 모여 천제를 지낸다. 천제를 지내기 위해 준비해야 할 가장 중요한 제물은 돼지 1마리이다. 그리고 천제에 참여하는 주민들은 마을 토박이들이며, 여자들은 제의에 참석하지 못한다.

　필자가 현지 조사한 2018년에는 대현리 이장과 각 마을 반장이 참여하였는데, 반별로 돌아가며 반장이 제관으로 임명되어 제수를 준비했다. 대현리에는 작은 마을 단위로 마을 제당이 있고, 여기에서 매년 정초에 마을 제사를 지낸다. 음력 4월 8일에 지내는 대현리 천제에 모든 마을의 대표들과 주민들이 동참한 것으로 보아 대현리 천제는 대현리 전체를 관장하는 천제라는 것을 알 수 있다. 이에 제의 경비는 대현리 마을 기금과 기부금으로 충당한다.

　대현리 천제당은 백천계곡으로 진입하는 중에 '천제당구비'라고 불리는 계곡 좌측 위의 봉우리 정상에 위치한다. 이곳은 사방이 탁 트인 곳인데, 아래에는 계곡물이 휘감아 돈다. 자연 암반 위에 5단 정도의 석축을 쌓고 그 위에 지은 제당인데, 규모는 정면 1칸 · 측면 1칸이고, 지붕은 슬레이트로 마감한 맞배지붕 형태이다. 제당 내부 정면에 시렁을 설치하여 위목지를 걸었으며, 제단은 일자(一字) 형태로 24㎝ 정도의 높이로 만들었다. 모시는 신령은 태백산신과 천신이다. 태백산신을 모신 이유는 이곳을 관장하는 신령이 태백산신이기 때문이다. 즉 터주로서 태백산신을 모시고, 주신(主神)으로 천신을 모신다. 이에 위목지를 2장 걸고, 새우메와 잔을 2개 준비한다.

마을 천제를 지내는 이유는 천신을 모셔서 대현리 마을 전체 주민의 화합과 안녕, 소통을 위함이다.

천제를 지내기에 앞서 제당 건물 앞에 금줄을 치고 위목지 2장을 시렁에 건 후 제물을 진설한다. 준비한 제물 중 메는 새우메이고, 닭은 전체를 튀겨서 올린다. 돼지고기는 삶아서 덩이살 형태로 올리며, 술은 막걸리이고, 탕은 육탕이다. 준비한 제물 진설은 다음과 같다.

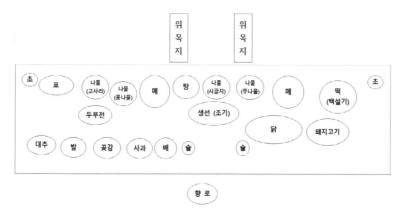

〈그림73〉 경상북도 봉화군 석포면 대현리 천제 진설도

제물 진설을 마친 후 천제를 지내는데, 그 순서는 다음과 같다. 먼저 향을 피우고, 제관이 절을 한 후 술을 2잔 올린다. 이후 참석자들이 모두 재배한 후 술을 내리고, 다른 제관이 다시 술을 2잔 올리고 재배한다. 이후 수저를 메와 제물에 걸친 후 모두 부복하여 신령이 흠향하기를 기다린다. 이후 산물을 올린 후 반개하고, 전체 참석자들이 재배한다. 그리고 소지를 올리는데, 소지를 올리는 순서는 산신 소지와 천신 소지를 먼저 올린 후 마을 소지를 올리고, 마을 대표들과 주민들을 위한 소지를 올린다.

〈사진74〉 경상북도 봉화군 석포면 대현리 천제당 전경

〈사진75〉 경상북도 봉화군 석포면 대현리 천제를 지내기에 앞서 위목지를 걸음

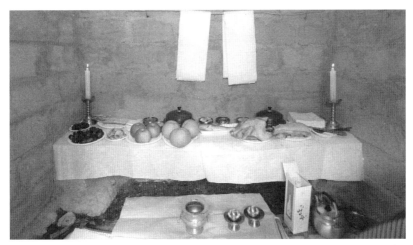

〈사진76〉 경상북도 봉화군 석포면 대현리 천제 제물 진설

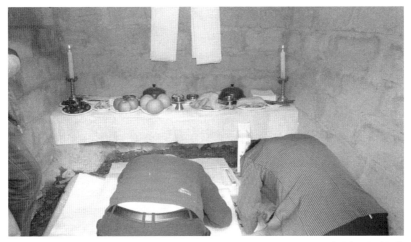

〈사진77〉 경상북도 봉화군 석포면 대현리 천제에서 제관들이 절을 함

〈사진78〉 경상북도 봉화군 석포면 대현리 천제를 마친 후 음복

　소지를 다 올린 후 음식 일부를 떼어 제반(除飯)하고, 음식을 내려서 현장에서 나누어 먹는다. 제당을 정리한 후 하산하여 당주댁에서 동참하지 못한 주민들과 식사를 같이하는 것으로 마을 주민 음복례를 마친다.

　봉화 대현리 천제에서 모시는 신령은 태백산신과 천신이다. 태백산신은 이곳을 관장하는 신령이기에 터주로 모신다. 대현리 전체 주민을 위해 모시는 신령은 천신이다. 천제를 지낼 때 별도의 축문 없이 천제를 지내는 과정에 대현리 마을 전체 주민의 화합·안녕·소통을 구송의 형태로 기원한다.

　그러므로 태백산 자락에 위치한 봉화군 대현리를 비롯하여 태백시 백산마을과 통동 솔안마을 천제당에서 공통적으로 모시는 신령은 천신이고, 마을을 위한 신앙 기능을 수행하는 신령 또한 천신임을 알 수 있다. 이와 함께 공통적으로 해당 천제당이 위치한 산의 산신을 함께 모셨음을 알 수 있다. 여기서 모신 산신은 마을 주민들을 위한 신앙 기능을 수행하기보다는 해당 천제당이 위치한 산의 터주이기에 의례적으로 모신 신령으로 볼 수 있다. 왜냐하면 의례 과정에서 해당 지역을 관장하는 산신을 모셔서 축원하는 제차가 없기 때문이다.

(3) 봉화 대현리 마을 천제의 구조와 의미

마을의 문화 전통, 지리·지형적 요소와 교류 환경, 경제 여건, 구성원들의 성향과 구성 형태가 마을별로 다르다. 이에 마을에서 천신을 모셨더라도, 그 운영 형태나 추구하는 기능 등은 매우 다양하게 나타난다.

마을 천제에 관한 기존의 조사·연구 성과를 분석한 결과, 국가 차원의 천제와는 달리 마을 천제는 마을 구성 요소와 환경, 주위 여건 등을 고려한 종교적 기능을 수행하기에 특정 영역을 관장하는 산신이나 서낭신과는 달리 다양한 종교 기능을 수행하는 마을 천제로 자리매김하여 전승되고 있다.

마을 천제의 주요 기능을 중심으로 좀 더 구체적으로 천제의 성격을 소개하면, 첫째, 역병이나 소 전염병 등이 창궐하면 악질을 구축하려는 염원을 담은 마을 천제를 지내기도 한다.[13] 둘째, 중심 마을에 있는 천제당에서의

---

13 이와 같은 염원을 담아 천제를 지낸 사례는 삼척시 미로면 내미로리 천제에서 확인할 수 있다. 이 마을에서는 소가 병이 들어 죽고, 마을 청년들이 다수 자살하는 등 우환이 끊이지 않자 마을 내 천제봉에서 10년에 1번씩 소를 희생으로 하여 날을 받아 천제를 지냈다. 이후 마을의 우환은 사라졌으나, 그 전통은 계속 이어지고 있다. 위 사례 이외에도 충청북도 진천군 초평면 금곡리 금한동 천제, 전라남도 여수시 화정면 개도리 화개산 천제단에서의 제의, 경상북도 울진군 금강송면 쌍전리 독미산 천제당을 비롯하여 전국적으로 많이 발견된다. 그런데 금한동 천제 사례를 보면, 천제를 지낸 시기가 매년 정월 대보름 이전 좋은 날을 받아서 자시에 지냈다는 것으로 보아 천제를 지낸 계기는 역질 구축이었으나, 그 전통을 계속 이어가는 과정에서 3년에 한 번씩 지내는 마을 제의로 정착되어 현재에 이르는 것으로 볼 수 있다. 울진군 금강송면 쌍전리를 비롯하여 마을 제사로 정착되어 전승되는 유사 사례들이 다수 발견되는 것으로 보아 역질 구축을 위해 천제를 지낸

천제는 상호 연결성이 있는 여러 하위 마을 주민들을 아우르는 구심체 역할을 한다.[14] 셋째, 가뭄이 들면 기우제를 지내는데, 천제단이 기우제장으로 기능하여 여기서 모시는 천신이 가뭄을 해소하는 데 도움을 준다고 믿는 사례들도 있다.[15]

전통이 정기적으로 지내는 마을제의 전통으로 정착되었음을 알 수 있다.

14 강원도·경상도를 비롯하여 많은 마을에서 큰서낭당·도서낭당·대서낭당 등의 명칭을 지닌 마을제당들이 있다. 이것은 제당이 위치한 마을이 인근 마을의 중심지 역할을 하여 큰서낭당에서 마을 제사를 지낸 후 하위 마을에서 마을 제사를 지내는 상하 위계를 보여주는 사례이다. 천제당은 이와 같이 여러 하위 마을 주민들을 아우르는 중심 제당 역할을 하여 같은 생활권 또는 문화권에 속한 하위 마을들이 천제를 통해 결속을 다질 수 있는 계기를 마련한다. 이와 같은 역할은 오랫동안 지속되기도 하지만 주변 상황의 변화에 의해 그 위상이나 역할이 변동되기도 한다. 즉 그 위상을 계속 유지하는 사례도 있지만, 이들 간의 관계성이 약화되어 천제당이 소재한 마을에서 천제당이 상당의 기능을 하는 사례가 있다. 이에 따라 실제 마을 주민들이 요구하는 종교적 기능은 서낭이나 당산할머니 등이 수행한다. 이와 관련한 대표적인 사례는 앞서 소개한 삼척시 원덕읍 월천3리 가곡산 천제단, 삼척시 신기면 대평리, 삼척시 근덕면 교가2리 제동마을 사례를 들 수 있는데, 이들 마을에서는 천제당을 상당으로 여겨 가장 큰 정성을 드린다. 이에 비해 인근의 원덕읍 호산리 해망산 천제단에서의 제의, 도계읍 무건리 천제, 근덕면초곡리의 천제, 근덕면 궁촌2리에서도 천제단에서의 제의를 상당에서의 제의로 여기고 있으나, 실제 마을의 안녕과 풍요를 위하여 성황신을 더 중요하게 여긴다. 천제당의 기능이 약화되어 천제당에서 하위 마을 단위로 설행하는 서낭고사 또는 당산제만 행해지는 사례들도 많이 나타난다. 천제 중심의 마을 간 결속력이 약화되어 천제당에서 천제가 사라지고, 하위 마을 단위의 마을 제사만 명맥을 유지하는 정읍시의 내동마을, 삼척시 성북동 등의 사례를 통해 알 수 있다.

15 즉 농촌에서 비가 안 내려 한발(旱魃)의 피해가 극심해지면 기우제를 천제단에서 지내기도 하였는데, 이를 '천제(天祭)'로 여기는 마을들 중 대표적인 사례를 삼척시 가곡면 동활리에서 확인할 수 있다. 동활리 천제단은 1964년까지 부체바우[부처바위] 앞에 있는 마당바위[지금은 도로 개설되어 있음]에서 비가 오지 않아 농업에 큰 지장이 있으면, 황소를 제물로 하여 천제를 지냈다. 마을에서는 '기우제'라고도 하였으나, 비에 대한 염원을 하늘에 빌었기에 '천제'라 하였다. 기우와 함께 풍농과 마을의 풍요를 기원하였다고 한다. 그리고 천제를 지내지 않으면 마을이 없어진다고 하여 지낸다는 얘기도 전한다. 천제 지낸 과정을 소개하면 다음과 같다. 주로 봄에 날을 받아서 지냈는데, 주요 제물인 소는 동활리 주민들이 가구별로 성의껏 낸 돈으로 마련하였다. 마을이장이 주관하여 날을

그리고 마을 천제를 분석하면서, 천신과 함께 모시는 신령과의 관계와 종교적 기능·위상 등을 중심으로 마을에서 모시는 천신 중심의 마을공동체 신앙 구조를 분류하면, 마을 신앙의 구심체로 기능하는 천제, 상당에서의 제의로 기능하는 천제, 매년 또는 일정 기간에 한 번 기우 또는 역질 구축을 위해 지내는 천제, 상당과 하당으로 구분되는 마을 제의 중 하당 제의인 거리고사에서 상위 신령으로 모시는 천신을 위하는 유형, 다른 신령들과 함께 좌정하여 단위 마을을 위한 마을 신앙으로 기능하는 천제로 구분할 수 있다.[16]

마을 천제는 그 기능과 마을 내 다른 신령과의 관계에 따라 다양한 형태로 전승된다. 이 과정에서 마을마다 종교적 염원이 각각 다르므로, 이를 구현하기 위하여 천신과 함께 마을에서 요구되는 종교적 기능을 수행하는 다양한 신령들을 모시며, 그 기능 또한 마을별·상황별로 다양하다.

앞서 소개한 태백시 백산마을·솔안마을 천제와 봉화군 석포면 대현리 천제는 천제 중심의 마을공동체 신앙 구조 중 두 번째 유형인 관계성이 있는 하위 마을들을 관장하는 마을 신앙 구심체로 기능하는 천제이다. 하위

받아 지냈으며, 제관은 생기를 맞추어서 삼헌관을 뽑았다. 마지막 천제의 제관은 '마을의 심구장, 순화할아버지, 윤구장님네'가 담당하였다고 한다. 천제를 지내기 전날 현장에서 소를 잡은 후 다음 날 새벽에 제사를 지냈다. 이 때 생고기를 제상에 진설하였는데 그 부위는 소머리·다리이고, 이와 함께 메 1그릇, 채소, 술막걸리을 제단에 진설하였다. 진설이 끝나면 삼헌관들이 각각 술을 올리고 절을 한 후 소지를 올렸다. 이 때 개인 소지는 올리지 않고 동네 소지를 올리며 비와 풍농·풍요 등을 기원하였다고 한다. 마을 사람들은 천제를 지내면 3일 이내에 비가 온다고 믿었다. 부처바우가 있는 골짜기에는 부정을 방지하기 위하여 우마는 물론 상여와 신행 가마도 다니지 못하였다. 김도현, 「강원도 영동 남부지역 고을 및 마을 신앙」, 고려대학교 박사학위논문, 2009, 115쪽.

16 김도현, 「강원도 영동 남부지역 고을 및 마을 신앙」, 고려대학교 박사학위논문, 209, 110~118쪽.

마을들을 모두 아우르는 구심체 기능을 하는 중심 마을의 천제당은 관련 마을들을 대표하는 제당이다. 이에 하위 마을 대표들이 천제당에 모여서 마을 천제를 지낸 후 하위 마을 단위로 마을 제사를 지내기에 상하 위계를 보여주는 유형이다.

구체적인 사례로, 강원도 삼척시 도계읍 점리에서 하위 마을 전체를 관장하는 천제단에서 3년 주기로 마을 천제를 지내는 것과, 충청북도 진천군 백곡면 대문리에 속한 하위 마을인 상수문·중수문·하수문에 천신과 산신을 각각 모시는 제단이 있었다는 것을 들 수 있다. 매년 정월 초에 마을 제사를 지낼 때 각 마을마다 천신을 먼저 모신 후 그 아래의 산신단에서 산제를 지냈으나, 마을들이 분화되면서 다른 지역 사례와는 달리 천제 지낸 전통을 단위 마을에서도 계속 유지한 사례도 있다.[17]

이에 해당하는 천제당은 같은 생활권 또는 문화권에 속한 하위 마을들이 천제를 통해 결속을 다질 수 있는 계기를 마련한다. 이 유형에 속한 천제 중 천신과 함께 산신을 모신 사례도 있다. 그 이유는 산신에 의탁하여 종교적 염원을 달성하려는 목적보다는 천신이 좌정한 천제당이 있는 곳을 관장하는 산신을 위한 것으로 볼 수 있다. 이와 관련한 대표적인 사례는 본고에서 제시한 사례와 함께 태백시 함백산 절골 천제당 사례 등을 통해 알 수 있다.

그러므로 봉화군 대현리를 비롯하여 태백산 자락의 마을 제의에서 모시는 천신은 특정 영역을 관장하는 산신이나 서낭신과는 달리 최고의 능력을 지닌 신령으로 여겨지며, 연결성이 있는 다수의 하위 마을 주민들이 1년 또는 수년에 한 번씩 열리는 천제를 통해 소통과 화합의 장을 마련하고자 한

---

17 김도현, 「마을 천제의 구조와 성격」, 『한국민속학』 69, 한국민속학회, 2019.

다는 것을 알 수 있다.

4) 부산시 장산 천제당과 마고당[18]

(1) 마을 소개

장산 천제단과 상산 마고당[19], 산신단, 그리고 좌동 제석당이 있는 장산은 부산 해운대의 진산이다. 장산은 산줄기가 아홉 줄기이며, 반여 4동·석대동·반송 2동의 절반(운봉 지역)을 제외하고 모두 장산 영역에 포함된다. '상산(上山)', '상살뫼' 또는 '봉래(蓬萊)'라고도 불리는 장산은 조선 시대 동래현의 동쪽 15리에 있고, 대마도를 가장 가깝게 볼 수 있는 곳이라 소개되어 있다.[20]

산의 정상에 평탄한 곳이 있고, 그 가운데가 저습한데, 사면이 토성과 같

---

18 김도현, 「좌동 장산 천제, 상산 마고당제, 제석당산제」, 『부산의 마을 신앙』 4권, 국립민속박물관, 2020, 301~323쪽.

19 '장산 마고당·천제단(萇山 麻姑堂·天祭壇)'으로 명명된 부산광역시 민속문화재 제6호이기에, 천제단을 '장산 천제단'으로 표기하였다. 장산에 있는 마고당 역시 '장산 마고당'으로 명명하여도 문제는 없으나, 『新增東國輿地勝覽』東萊縣 山川條를 비롯하여 각종 지리지에 장산을 '상산(上山)'으로도 표기하였고, 현재 제당에 건 편액이 '상산마고당(上山麻姑堂)'이며, 제당 내부에 모신 위패 역시 '상산마고령상신위(上山麻姑靈上神位)'라고 하였기에 마고당을 '상산 마고당'으로 표기하고, 필요시 '장산 마고당'을 병기하였다. 그러므로 본문에서 소개한 '상산 마고당'과 '장산 마고당'은 같은 제당이다. 그리고, 천제단과 마고당을 함께 표기할 때 정확한 명칭은 '장산 천제단, 상산(장산) 마고당', '장산 천제, 상산(장산) 마고당제'라고 표기해야 하나, 편의상 '장산 천제단·마고당', '장산 천제단, 마고당', '장산 천제·마고당제', '장산 천제, 마고당제'로 표기하였다.

20 『新增東國輿地勝覽』東萊縣 山川條. 〈上山 - 현의 동쪽으로 15리에 있으며, 대마도를 바라보기에 가장 가깝다.〉
『東萊府誌』. 〈장산은 동래의 主山, 俗에 '상살뫼'라고도 한다.〉
『朝鮮寰輿勝覽』東萊郡 山川條. 〈萇山 ; 俗稱 上山, 一云 蓬萊山 在郡東十五里〉

은 형상이며 둘레가 2천여 보(步)가 되며, 속(俗)에 말하기를 장산국의 터[萇山國基]라고 『신증동국여지승람』 등 각종 기록에 기술되어 있다.

장산을 구성하는 주요 지형을 소개하면 다음과 같다.

장산국 고씨 할매 전설이 깃든 상여바위는 해운대에서 잘 보이지는 않으나 반송, 석대, 철마, 동래구, 금정구 지역에서 잘 보인다. 이 바위는 길이 약 23m, 폭 12m, 높이 8.3m, 규모의 신령함이 깃든 영험 있는 바위이고, 다른 이름으로 멀리서 보면 장롱같이 생겨서 농(籠)바위라 부른다. 장산 중턱에는 크고 작은 돌무더기가 경사면을 따라 분포하는데, 이를 '너덜겅', '골서랑이'라고 한다.[21]

장산 중턱에 수직으로 서 있는 장군암이 있는데, 높이가 11m, 둘레가 12m 정도 된다. 가뭄이 들면 이 산 아래 주민들이 기우제를 지냈던 곳이라고 전해 온다.

그리고 장산은 물맛이 좋고, 수량이 풍부하다는 소문이 나 있어 물과 관련된 지명이 많다. 장산에서 해운대로 흐르는 하천을 '한 거랑[大川]'이라고 한다. 즉, '큰 내'라는 의미인데, 이 물이 해운대로 흘러 해운대 해수욕장을 만들었다. 이 외에도 좌동 물망골, 약수샘, 마고당 옹달샘, 천제단 옹달샘, 장산폭포 등 물이 매우 풍부함을 보여주는 지명이 많고, 계곡에는 늘 많은 물이 흐른다. 이에 '장산'을 '물산'이라고 한다.

---

21 김병섭, 『장산의 역사와 전설』, 국제, 2008.

장산 천제와 마고당제에 주도적으로 동참하였던 마을들의 위치와 지형을 소개하면 다음과 같다.

우동(右洞)은 수영만으로 흐르는 춘천(春川)의 오른쪽에 자리한 마을이라는 연유로 붙여진 듯하며, 오른쪽 마을이라 표기하는 '우리(右里)', '우동(右洞)'이라 불리다가, 한자를 좀 더 좋은 의미를 지닌 글자로 바꾸는 과정에서 '도울 우(佑)'의 '우동(佑洞)'으로 바뀌었다.

중동(中洞)은 해운대 중심부에 위치한 동리라는 데서 명명된 지명이다. 춘천의 하류로 바닷가에 면한 지역으로는 해운대 온천과 해수욕장 등이 대부분 중동 지역이다. 중동에는 농경지가 발달한 대천마을, 구남 초원에서 솟아나온 온천으로 인해 와우산의 소꼬리 부분에 해당하는 갯가라 하여 미포, 지형이 오동잎처럼 생겼다 하여 미포 사이의 낮은 지역으로 큰비가 오면 섬처럼 보인다는 도전마을, 골매기 당산의 신격화와 관련된 푸른 뱀이 나왔다는 전설에서 유래한 청사포마을, 그리고 위쪽에 신기마을 등이 있다.

좌동(佐洞)은 춘천을 기점으로 왼쪽에 위치하고 있기에 '좌리(左里)'·'좌동(左洞)'이라 불렸으나, 지금은 도울 좌(佐)를 택하여 '좌동(佐洞)'이라 불리게 되었다. 좌동은 원래 장산 남쪽 사면의 평야를 낀 지대로 대부분 군사보호구역이었으나. 1993년 이후 신시가지가 조성되면서 해제되고, 인구 11만의 신시가지가 되었다.[22]

장산 천제와 마고당제를 주도한 마을이 속한 해운대의 인구·면적·행

<hr />

22 부산광역시 해운대구 홈페이지(http://www.haeundae.go.kr/)

정구역 기본 현황을 소개하면 다음 〈표 1〉과 같다.

〈표 1〉 해운대구의 인구와 면적 · 행정구역 현황[23]

인구	면적	행정구역
167,790세대 406,204명	51.47㎢(시 768.4㎢의 6.7%)	18개동 495통 3,734반

『조선지지자료(朝鮮地誌資料)』 부산군(釜山郡) 동하면조(東下面條)에 의하면, 이 지역의 주요 생산품은 '쌀, 보리, 콩[大豆], 멸치[鰯魚], 미역[甘藿]'이었다. 즉, 농업과 함께 어업 활동을 통해 삶을 영위하였음을 알 수 있다. 그러나 도시화와 산업화로 인해 현재 이 지역에 살고 있는 사람들 중 농업과 어업에 종사하는 사람은 극소수이고, 대부분 회사원이거나 2차 · 3차 산업에 종사한다. 좀 더 구체적으로 소개하면 다음과 같다.

우동은 수영만 쪽으로 뻗은 장산 자락에 자리 잡고 있으며, 국제적인 관광지인 해운대의 관문으로서 광안대로의 출발점이며 지하철과 국철의 환승역이 설치되어 발전 잠재력이 풍부한 지역으로 각광받고 있다. 이와 함께 영화의 거리, 요트 경기장 등 지역 자원을 보유하고 있는 해운대를 대표하는 관광 명소이다. 또한 장산 자락에 위치한 성불사를 비롯한 소규모 사찰들과 수영로교회 등이 있어 주민들의 종교적 안식처로 인식되고 있다. 대부분의 주민들은 아파트에 거주하고 있으며 초고층 아파트가 밀집한 고급 주거지역으로 부산 최고의 쾌적한 도심 환경을 갖추고 있다.

중동은 관광특구의 중심지로 해수욕장 · 온천 등이 있으며, 업무 · 상권

---

23 부산광역시 해운대구 홈페이지(http://www.haeundae.go.kr/) 2019.12.31.기준.

의 중심지로 구청·오피스텔·기관 등이 소재하고 있으며, 자연마을·어촌·생활 지역 등 주민 생활이 다양하다. 중 2동은 와우산 자락에 위치하고 있으며, 대한팔경의 하나인 달맞이언덕, 저녁달을 조망할 수 있는 해월정, 달을 형상화한 원형 야외무대와 넓은 계단식 잔디마당이 있는 어울마당, APEC 개최 기념 해마루정자 및 추리문학관, 갤러리 등이 어우러져 자연과 문화가 함께 숨 쉬는 마을로 각광받고 있다.

좌동은 예부터 벼농사를 주업으로 하는 김해 김씨 집성촌으로 한국전쟁 이후 탄약창이 설치되고 군부대가 주둔하면서 많은 지역이 군사시설 보호 구역으로 지정되어 왔으나, 1995년 해운대구 신시가지 개발로 대단위 아파트가 조성되어 거대한 아파트촌을 형성하였다. 좌 2동은 동서남북 도로가 교차되고 지하철 역세권인 교통 요충지이며, 문화 레저 시설 등 중심 상업지가 위치하는 명실상부한 좌동의 중심지이다. 좌 1동은 장산과 와우산으로 둘러싸인 최적의 주거 단지로 도로·건물·공공시설 등이 배치된 계획도시로 짜여져 있으며, 37개 단지 384개 동(棟)에 전신주가 없어 주거 환경이 쾌적한 도시로 신시가지에 대한 애착과 자긍심이 높은 중산층의 지역 주민이 거주한다. 좌동에는 해운팔경 중 하나인 장산폭포가 있으며 위쪽에는 '장자버들'이라 불리는 들판이 있어 이 마을을 '장산마을'이라고 하며, 또 그 밑으로 '세실마을'이라는 자연마을이 있었는데 이것이 좌동의 모태가 되었다고 한다.

(2) 제의 개요

① 천제단 유래
장산 천제단의 건립 시기를 알려 주는 문헌이나 구전 자료는 없다. 다만,

상산 마고당에서 제를 지내기 전에 천제단에서 천제를 지내는 것으로 보아 건립 시기를 상산 마고당 건립 시기와 동일할 것으로 추정하고 있다. 그러나 천제를 지낼 때 모신 신령이 천신(天神)·지신(地神)·산신(山神)이라고 전하며, 초기 국가 단계에서 이 지역을 포함한 우리나라 남부 지역에서도 천신을 모셨던 전통이 있었다는 기록이 있고, 지역 단위 천제 중 하위 마을들을 아울러서 천제를 지내는 사례가 전국적으로 발견되며, 장산 천제에 참여하는 마을들 또한 각 마을별로 마을 제사를 지내지만, 천제를 위해 준비한 제수 중 배 11개를 올린 것으로 보아 이들 마을이 소통과 화합을 위해 함께 결속을 다지는 독립된 성격을 지닌 천제라고 볼 수 있다. 상산 마고당제 또한 마고할미를 모시는 고유한 목적이 있기에 천제를 상산 마고당제와 연결하여 마고당 건립 시기와 장산 천제단 건립 시기가 동일한 것으로 여긴 기존의 인식은 좀 더 고민해야 할 것으로 여겨진다.

장산 천제와 상산 마고당제는 과거 동하면에 속하였던 여섯 마을, 즉 운촌·중동·미포·장지·오산·좌동 마을에서 윤번제로 매해 음력 1월 3일과 6월 3일 두 차례 제의를 베풀어 왔다. 1971년에 운촌마을이 이 결속에서 이탈함에 따라 5개 마을에서 윤번제로 지내다가, 1980년대부터는 이들 5개 마을의 동장들이 회의를 거쳐 제의를 좌동마을에서 일임하도록 하여 좌동마을에서 천제와 마고당제를 주관하였다. 좌동마을에서 제의를 전담하여 모시게 된 이후부터 1996년까지 좌동마을 주민들이 폭포사에 위탁함에 따라 폭포사 주지 스님이 망제 형태로 장산 천제와 마고당제를 지냈다.

1995년 좌동 주민들이 천제단과 상산 마고당의 전통 민속 문화 가치를 높게 인식하여 좀 더 발전적인 계승 방안을 모색하는 과정에서 '장산신당보존관리위원회'를 결성하였고, 1997년부터 '장산신당보존관리위원회(2010년 6월 10일 '장산향토문화보존사업회'로 개칭됨)'에서 장산 천제와 마고당제, 산신제를 주관하였다. 이때 좌동마을을 위한 제석당제를 지내는데, 이와 같은 전통은 오늘에 까지 이어지고 있다. 이에 더하여 2009년 12월 7일 부산광역시 민속문화재 제6호로 지정되어 보호되고 있다.

옛 전통을 계승하여 지금까지 매년 음력 1월 3일과 6월 3일 새벽에 해운대구 우동 산148-1번지에 있는 상산 마고당(上山 麻姑堂)에서 정월에는 전염병 예방과 모든 마을의 안녕, 그리고 6월에는 풍해(風害)·충해(蟲害)·병해(病害) 등을 막아서 풍년이 들기를 기원하며, 좌동마을에 설립된 '장산향토문화보존사업회'에서 주관하여 장산 천제와·상산 마고당제·산신제를 지내고 있다. '상산 마고당제'를 '장산 마고당제', '장산 고당 할매제사'라고도 한다.

② 전승 양상

장산 천제와 마고당제를 지내기 전후 한 달간 금기하면서 마을을 정화하기 위해 정성을 드렸으나, 지금은 3일간 금기를 지킨다. 금줄은 천제단, 상산 마고당, 제관 댁에 제일 1주일 전에 걸었다고 한다. 1월 제사를 지내는 1월 3일이 지나면서부터 정월 대보름까지 마을 곳곳에 지신밟기를 다녔기에 금줄은 이때까지 걸어 두었다고 한다.

금줄은 새끼줄 사이에 소나무 가지를 끼워서 만들었고, 제향 출입 금지 안내문을 같이 부착하여 부정을 물리치려 하였다.

그리고 제향 기일 전에 다음에 해당하는 사람은 참석하지 못하게 하여 매우 깨끗한 상태에서 제사를 지낼 수 있도록 하였다.

    ① 길흉사가 있는 사람: 1개월 금기
    ② 출산 가족 있는 사람: 1개월 금기

③ 여자관계 복잡한 사람: 참여 못함

④ 1년 신수 중 삼재에 해당하는 사람: 참여 못함

⑤ 제관과 제군은 제일 재수(1년 신수 중)가 있는 사람으로 선정한다.

이에 더하여 제관은 상산 마고당이 있는 현장 옆 샘물을 길어서 냉수 목욕을 하는 등 몸을 청결하게 하고, 제향물을 청결하게 유지하기 위해 큰 정성을 드렸다.

〈사진79〉 제향 기간 중 출입 금지 안내문

〈사진80〉 상산 마고당 출입구에 설치한 금줄

③ 제비 마련·결산

제비는 좌동향토문화보전사업회에서 운영하는 수익사업의 수입으로 충당한다. 〈장산신당찬조록(萇山神堂讚助錄)〉(중원갑자계하(中元甲子季夏), 1924년)에 개인적으로 성금을 내 사례들과 이전에 지신밟기를 하면 성의껏 성금을 낸 것으로 알려져 있으나, 지금은 수익사업으로 기금이 충분하기에 개인적으로 성금을 기탁하는 사례는 없다고 한다.

제비 지출은 1회 3,000,000원씩 1년에 총 6,000,000원이 지출된다. 좀 더 구체적으로 지출 내역을 정리하면, 제물 준비에 1,200,000원, 인건비로 1,800,000원을 지출한다. 인건비는 제의에 참여한 제관과 집사 등에게 지출되는 수고비인데, 남자들에게는 100,000원씩, 여성들에게는 60,000원씩 지급하였다.

④ 장보기와 제물 장만

제물은 좌동향토문화보전사업회 사무국장이 주도하여 구입하고 준비한다. 좌동재래시장에서 1주일 전부터 좋은 제물을 구입하기 시작하는데, 이 과정에서 미리 좋은 제물을 예약하여 구입한다. 구입한 제물 중 조리를 하여야 할 제수는 전날 좌동향토문화보전사업회 사무실에서 회장 및 사무국장 부인들과 함께 조리한 후 장산 천제·상산 마고당제·산신제·좌동 제석당제 등으로 구분하여 각각의 배낭에 담아 둔다.

그리고 제물을 준비하는 과정에서 제기도 함께 준비한다. 이전에 사용하였던 제기는 사무실에 보

〈사진81〉 각 제의별로 제물을 넣은 배낭

〈사진82〉 장산 천제 · 마고당제에 사용하는 제기

관하는데, 주요 제기 목록을 소개하면, 밥솥 2기, 술잔 3기, 향로 1기, 접시 2
기, 모사기 1기, 퇴잔기 1기 등이다.

⑤ 제당 청소와 제물 진설

제당 청소는 좌동향토문화보전사업회 간부들과 회원들이 담당한다. 이
들은 제일 3일 전에 제당 안과 밖을 청소하고, 각종 시설을 점검한다. 하루
전에도 청소를 하면서 내부 시설을 점검하여 제사 준비에 많은 정성을 드린
다.

제사 당일 새벽 3시에 좌동향토문화보전사업회 사무실에 모여서 준비한
제물을 점검하고, 이동할 차량과 인원을 확인한 후 제당으로 향한다.

각 제당별로 제물을 배낭에 넣어서 제관과 집사들이 직접 메고 제당으로
향한다. 진설하는 제물은 신령에 따라 각각 다르게 준비한다. 천제단에는

〈사진83〉 제물을 담은 배낭을 지고 제당으로 오르는 제관과 집사들

생쇠머리, 조리하지 않은 생선, 떡, 삼색 과일, 제반, 술 등을 올린다. 마고당
에는 육류와 어류를 올리지 않고 떡, 메, 나물, 과일, 제반, 정화수 등을 진설
한다. 산신단에는 쇠고기, 메, 나물, 정화수 등으로 간소하게 차린다.

(2) 제당 형태와 신격

① 제당의 위치와 형태

장산을 오르는 등산로에서 분기한 산 능선의 샛길로 약 500m 올라가면
상산 마고당이 있고, 상산 마고당에서 신선바위 방향으로 북서쪽 능선 위
약 200m 거리에 장산 천제단이 있다. 산신단은 상산 마고당 옆에 있으며,
좌동마을 제당인 제석당은 등산로를 기준으로 석태암 맞은편 산기슭에 있
다. 그리고 현재 해운대구 우리은행 지점과 해운대 KCC 스위첸아파트 정문

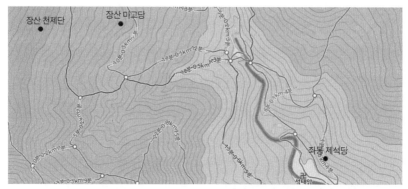

〈사진84〉 부산 장산 천제단, 상산(장산) 마고당, 좌동 제석당 위치 (https://map.kakao.com/)

사이에 있었던 소나무 아래에 거리제를 지내는 제단이 설치되어 있었고, 그 옆에 솟대가 있었다고 한다.

천제단을 좀 더 구체적으로 소개하면 다음과 같다.

상산 마고당을 지나 천제단에 오르기 전에 직경 1미터 안팎 규모의 너덜 겅 아래로 흘러 내려오는 석간수가 고이는 샘물이 있다. 천제에 올릴 청수 를 여기에서 뜬다.

천제단은 북향인데, 신선바위로 불리는 자연적으로 형성된 큰 너럭바위 (가로 320cm, 세로 190cm, 높이 80cm) 뒤에 자연석을 이용하여 4단 정도의 막 돌허튼층 쌓기를 하여 만든 제단(가로 110cm, 세로 150cm, 높이 30cm) 위에 향 로 1개와 청수 그릇 2개가 놓여 있다.

그리고 천제단 뒤편의 큰 바위를 벽체로 삼고 그 양쪽에 자연석으로 쌓은 돌담이 감싸고 있는 형상으로 돌담 뒤로는 소나무가 무성하여 장엄하면서 도 고풍스럽게 보인다. 제단 좌우에 쌓는 돌담은 자연석을 막돌허튼층 쌓기로 12단 정도로 만들었는데, 그 크기는 길이 130㎝, 높이 90㎝, 폭 45㎝이다.

제단 앞에 세워진 바위 위에 세장방형 형태의 입석(왼쪽 입석: 밑변 20cm · 폭 15cm · 높이 61cm, 가운데 입석: 밑변 30cm · 폭 13cm · 높이 90cm, 왼쪽 입석: 밑변 20cm · 폭 17cm · 높이 48cm) 3개를 나란히 세워서 장산 천제단에서 모시는 신령의 신체로 여긴다. 이들 입석은 '천신 · 지신 · 산신'을 상징한다고 하며, '천(天) · 지(地) · 인(人)'을 상징한다고도 한다.

등산로 옆에 세워진 천제단을 소개하는 안내판에 "천제단은 지금부터 2,300년 전, 장산국이 씨족끼리 형성된 마을공동체로서의 일체감을 고양하고 수렵과 농사의 풍년을 기원하기 위해 자연숭배사상에서 천신과 산신에게 1년에 두 번(1월과 6월)씩 제천 의식을 올리던 곳이다. 천신 · 지신 · 산신께 제사를 올리던 곳인데, 1월 제사는 풍년과 사람의 운명과 직결되는 제신(諸神)에 대한 감사제였고, 6월 제사는 풍년에 감사하고 묵은 잡귀를 몰아내어 재난을 구조하고 신성한 다음 해를 맞이하려는 의도의 제천행사였다."라고 적혀 있다.

② 제의 목적과 당의 신격

장산 천제단에 신령의 신체로 여긴 3개의 입석을 세운 것으로 보아 3분의 신령을 모신 것으로 여겨진다. 제단 이름이 '천제단'이기에 '천신'을 주신으로 모셨으며, 천제단이 위치한 장산을 관장하는 신령인 '장산 산신령'과 함께 천신과 산신령이 좌정한 곳의 터주인 '토지신'을 모셨다고 한다. 천신을 모신 다른 지역에서는 천신과 함께 천신이 좌정한 산의 산령을 터주로 모신 사례가 대부분인데, 장산 천제는 토지신을 터주로 모시면서, 천신과 함께 장산 산신령을 별도의 축원 대상 신령으로 모셨을 가능성이 있다.

그런데 제단에 모셨다고 여기는 3분 신령과는 달리, 천제를 지낼 때 읽는

〈사진85〉 장산 천제단 전경

〈사진86〉 장산 천제단 아래에 있는 샘

축문이 '천제축(天祭祝)'과 '고천문(告天文)'인데, 2개의 축문 모두 '천신(天神)' 만을 모시는 축문이다. '천제축(天祭祝)'은 좌동마을을 비롯하여 장산 자락에 살고 있는 신앙 공동체 전체를 위해 천제를 지내는 과정에서 읽는 축문이다. '고천문(告天文)'은 2009년에 장산 천제단과 마고당이 부산광역시 민속자료로 선정됨에 따라 천제에서 축원하는 범위를 부산광역시 전체로 넓힌 축문이다.

마을 천제의 위상, 천신과 함께 모신 신령과의 관계와 종교적 기능 등을 중심으로 천제 중심의 마을공동체 신앙 구조를 분류하면, 상당에서의 제의로 기능하는 천제, 관계성이 있는 하위 마을들을 관장하는 마을 신앙 구심체로 기능하는 천제, 다른 신령들과 함께 좌정하여 단위 마을을 위한 마을 신앙으로 기능하는 천제, 매년 또는 일정 기간에 한 번 기우 또는 역질 구축을 위해 지내는 천제, 상당과 하당으로 구분되는 마을 제의 중 하당 제의인 거리고사에서 상위 신령으로 모시는 천신을 위하는 유형으로 구분할 수 있다. 장산 천제단에서의 천제는 천제를 지낸 후 상산 마고당제를 지내는 제의 과정만을 고려한다면, 상당에서의 제의로 기능하는 천제로 볼 수 있다. 그런데 제수 중 배를 11개 올린 것은 과거에 장산 천제에 동참하였던 마을들을 고려하여 이와 같이 올렸다는 제보와 함께, 천제축(天祭祝)에서 장산 아래 주민들을 위해 축원하고, 2009년 부산광역시 민속자료로 지정된 이후 그 범주를 넓혀서 부산시 전체를 위해 축원하는 것은 관계성이 있는 하위 마을들을 관장하는 마을 신앙의 구심체로 기능하는 천제로 볼 수 있다.

그러므로 장산 천제단에서 모시는 신령은 상당에서의 제의에 모신 신령의 역할과 함께 관계성이 있는 하위 마을들을 관장하는 마을 신앙의 구심체로 기능하는 천제에서 모시는 천신으로 볼 수 있다.

천제단 위에 입석 형태로 산신령과 토지신을 모셨다고 전하나, 축문과 진설한 제수를 살펴보면, 이들 신령을 모신 정황을 발견할 수 없다. 이에 향후 이들 신령을 모셨다는 이야기에 관하여 좀 더 치밀한 분석을 진행한 후 이에 관한 서술이 가능하리라 생각한다.

좌동향토문화보전사업회가 주관하여 정월에는 6시, 6월에는 5시에 산에 올라간다. 이때 회원과 제관들이 각 제당별로 미리 준비하여 배낭에 담은 제물을 각각 지고 제당으로 향한다. 일단 상산 마고당 앞에 있는 준비실에 도착하여 천제와 · 상산 마고당제 · 산신제에 올릴 제물을 분류하고, 각 제단에 진설할 제수를 준비한다. 예전에는 상산 마고당 인근에 있는 너덜바위를 덜어 내어 물을 긷고, 현장에서 새우메를 지었다고 한다.

제의 절차는 원래 '천제 → 상산 마고당제 → 거릿대제' 순서로 진행하였으나, 좌동마을에서 제의를 전담하면서부터는 '천제 → 상산 마고당제 → 산신제 → 좌동 제석당제'의 절차로 변동되었다.

장산에서의 제의를 마친 후 참여자들은 좌동향토문화보전사업회 사무실에 모여서 제수로 올린 채소와 밥으로 비빔밥을 만들어서 먹는다. 그리고 소머리를 비롯하여 다른 음식들은 경로당에 가져가서 마을 주민들이 함께 나누어 먹는다.

좌동마을에는 사물놀이패가 있었기에 정월에는 마을 제사를 지낸 후 마을 곳곳에 풍악을 울리며 다녔다. 이를 '떡배기 놀이' 또는 '지신밟기 놀이'라고 하였는데, 정월 대보름까지 집집마다 다니며, 지신밟기를 하였다고 한다. 이와 같은 전통은 1992년 해운대 좌동 신도시 개발이 시작되면서 중단되었다.

각 제당별 제의는 송○○ 사무국장이 제관을 맡고, 김○○ 이사가 축관을 맡아 진행하였는데, 장산 천제 진행 과정을 소개하면 다음과 같다.

장산 천제단에 도착하여 제관인 송○○ 사무국장과 축관인 김○○ 이사가 제물을 진설한 다음 제관이 유건을 쓰고 청포를 입은 후 촛불 켜고, 향을 피우면서 천제를 시작하였다. 먼저 메에 숟가락을 꽂은 후 제관이 막걸리 한 잔을 제단에 올리고, 절을 세 번 하였다. 그리고 다시 막걸리를 올리고 김○○ 이사가 장산 천제 축문을 읽은 후 제관과 축관이 절을 세 번 하였다. 막걸리를 한 잔 올린 후 제관인 송○○ 사무국장이 고천문을 낭독하였다. 이후 다시 절을 세 번 한 후 참여자들 모두 절을 세 번 하였다. 이후 음복을 하고, 진설한 제물 일부를 떼어 잡귀 잡신에게 풀어먹이는 고수레를 한 후 제물을 내렸다.

천제를 지내면서 읽은 축문을 소개하면 다음과 같다.

　□ **천제축(天祭祝)**

유세차(維歲次) ○○年년 ○月월 初초○日일 ○○日일에 장산신당보존위원회장 ○○○ 삼가 고하나이다.

조물주인 신상제(神上祭)께 봄·여름 제사(祭祀) 올림은 아득한 옛날부터 시작되었으며, 해마다 이어 왔습니다.

오늘도 지극정성으로 향촉을 올립니다.

상제께서는 아래 주민을 보살피고 도와주시기 바라옵고

이에 소머리와 맑은 술, 그리고 맛있는 여러 음식을 올리오니 흠향하옵소서….

　□ **고천문**

하늘이시여 장산의 하늘이시여

한배검[한백검] 할아버지께서 홍익인간 이화 세계의 숭고한 마음으로 나라를 세우신 후

단기 ○○○○년 ○월 ○일, 서기 ○○○○년 ○월 ○일

오늘에 부산 해운대의 진산인 장산 중턱 산마루에서 부산 시민의 정성을 모아 하늘 앞에 고하나이다.

하늘이시여 장산의 하늘이시여!

오늘 하늘의 신령함이 서려 있는 이곳 해운대 장산 중턱에서 수수천년의 역사 속에서 변함없이 베풀어 주신 은혜에 감사드리고, 장산의 큰 기운 속에서 살아가는 해운대 주민과 특히 좌동 동민의 안녕을 기원하고, 나아가 세계로 열린 해양 수도 부산의 새로운 도약을 빌고자 하늘을 우러러 제를 올리고자 하나이다. 이곳 장산에서 아주 오래전 장산국대부터 조상 대대로 하늘에 감사한 마음으로 천제를 올렸던 곳입니다.

우리 배달민족의 시원을 나타내는 장산 천제단과 마고당이 단기 4242년 12월 7일, 서기 2009년 12월 7일 자로 부산광역시 민속자료로 지정되어 더욱더 큰 기쁨으로 제를 올리게 됨을 정말 감사하고 감사하나이다.

비오나니 하늘이 내린 이 아름답고 넉넉한 장산을 지켜 주시고, 하늘과 땅과 사람이 조화로운 장산의 신령한 기운으로 장산을 찾는 모든 사람들이 순수하고 아름다운 영혼으로 장산에 안길 수 있도록 비나이다.

그리하여 장산의 품에 안긴 우리 모두의 소망이 꼭 이뤄지기를 간절히 바라나이다.

오 ~~ 장산의 하늘이여 해운대의 하늘이여

좌동의 하늘이여 영원하소서.

단기 ○○○○년 ○월 ○일

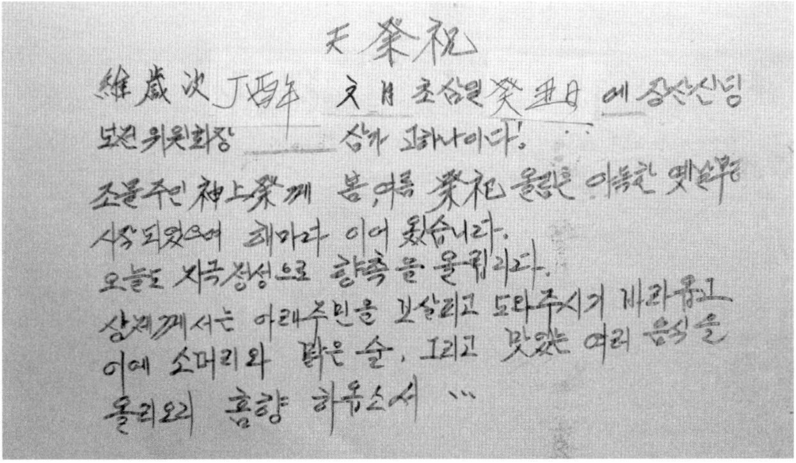

天祭祝

維 歲次 丁酉年 ○月 초삼일 癸卯日 에 장산신령
보존위원회장 ___ 삼가 고하나이다.

조물주인 神上帝 께 봄여름 祭祝 올림은 이물건 옛순으로
시작되었어 해마다 이어 왔습니다.
오늘도 지극정성으로 향촉을 올립니다.
상제께서는 아래주민을 굽살피고 도와주시기 바라옵고
이에 소머리와 맑은 술, 그리고 맛있는 여러 음식을
올리오니 흠향 하옵소서 ···

〈사진87〉 장산 천제에서의 천제축

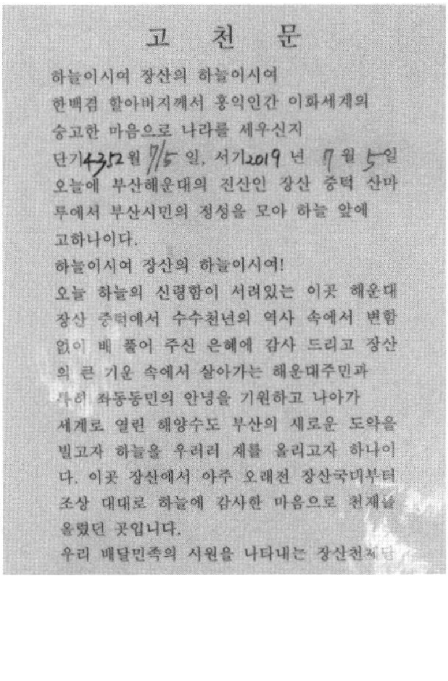

고 천 문

하늘이시여 장산의 하늘이시여
한백검 할아버지께서 홍익인간 이화세계의
숭고한 마음으로 나라를 세우신지
단기4352년 7/5일, 서기2019년 7월 5일
오늘에 부산해운대의 진산인 장산 중턱 산마
루에서 부산시민의 정성을 모아 하늘 앞에
고하나이다.
하늘이시여 장산의 하늘이시여!
오늘 하늘의 신령함이 서려있는 이곳 해운대
장산 중턱에서 수수천년의 역사 속에서 변함
없이 배 풀어 주신 은혜에 감사 드리고 장산
의 큰 기운 속에서 살아가는 해운대주민과
우리 좌동동민의 안녕을 기원하고 나아가
세계로 열린 해양수도 부산의 새로운 도약을
빌고자 하늘을 우러러 제를 올리고자 하나이
다. 이곳 장산에서 아주 오래전 장산국때부터
조상 대대로 하늘에 감사한 마음으로 천제남
올렸던 곳입니다.
우리 배달민족의 시원을 나타내는 장산천제다

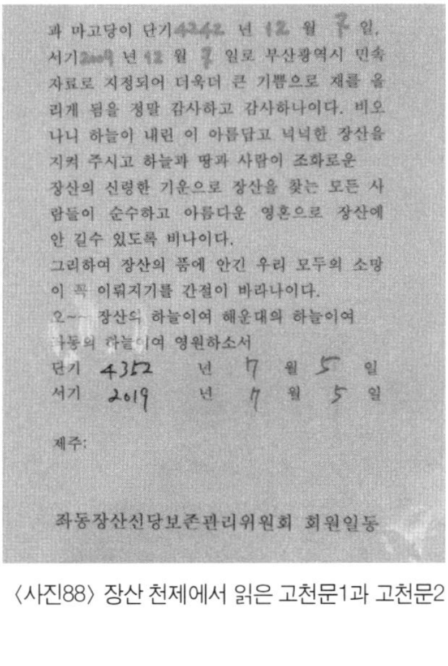

과 마고당이 단기4342년 12월 7일,
서기2009년 12월 ○일로 부산광역시 민속
자료로 지정되어 더욱더 큰 기쁨으로 제를 올
리게 됨을 정말 감사하고 감사하나이다. 비오
나니 하늘이 내린 이 아름답고 넉넉한 장산을
지켜 주시고 하늘과 땅과 사람이 조화로운
장산의 신령한 기운으로 장산을 찾는 모든 사
람들이 순수하고 아름다운 영혼으로 장산에
안 길수 있도록 비나이다.
그리하여 장산의 품에 안긴 우리 모두의 소망
이 꼭 이뤄지기를 간절히 바라나이다.
오~ 장산의 하늘이여 해운대의 하늘이여
좌동의 하늘이여 영원하소서
단기 4352 년 7 월 5 일
서기 2019 년 7 월 5 일

제주:

좌동장산신당보존관리위원회 회원일동

〈사진88〉 장산 천제에서 읽은 고천문1과 고천문2

서기 ○○○○년 ○월 ○일

제주 :

좌동장산신당보존관리위원회 회원 일동

　장산 천제를 지내기 위해 준비한 제수는 생고기로 소머리 1두, 배(11), 사
과(1), 삼실과(곶감 · 대추 · 밤), 밥(1), 나물(1), 해어(海魚) 小(3), 대어(大魚)(1),
소고기 산적 · 고동 · 담치 · 군서 · 문어로 구성된 제수 1접시, 술, 쌀 1그릇,
청수(1)를 준비하였다.

　천신에게 올릴 제물 위주로 준비하였는데, 다른 제수와는 달리 배를 11개
준비하여 각각의 접시에 올린 것은 상산 마고당제나 산신제, 좌동 제석당제
와 크게 다른 점이다. 이와 같이 배를 11개 올린 이유를 정확하게 알 수 없으
나, 천제단에 모신 신령 3분(천신 · 산신 · 토지신)과 장산 천제에 동참하여 천

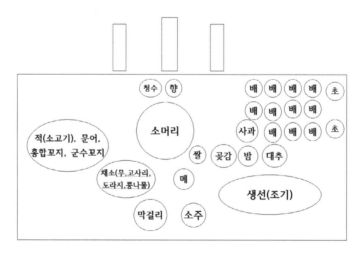

〈그림89〉 장산 천제 제물 진설도(2020년 7월)

〈사진90〉 장산 천제에서 제물 진설

〈사진91〉 장산 천제에서 축문을 읽음

〈사진92〉 장산 천제에서 고천문을 읽음

〈사진93〉 장산 천제에서 제관이 절을 함

〈사진94〉 장산 천제를 마친 후 고수레하는 장면

〈사진95〉 장산 천제를 마친 후 고수레하는 장면

제를 지낸 하위 마을이 8개[24]였기에 11개의 배를 올린다는 이야기가 전한다.

장산 천제를 지내기 위해 준비한 제물 진설은 다음과 같다.

(3) 특징과 성격

5개 마을이 참여하였던 장산 천제와 상산 마고당제를 진행하는 순서는 '장산 천제 → 상산 마고당제 → 거릿대제'이다. 5개 마을 대표들이 참여하는 제의를 마친 후 각 하위 마을에 있는 제당에서 해당 지역 주민 대표들이 모여서 마을 제사를 지냈다.

같은 생활권역에 속한 마을에는 마을 단위의 마을 제당이 있지만, 연결된 마을들 간의 소통과 화합을 위해 단위 마을 모두를 아우를 수 있는 격이 높은 신령을 모셔서 제의를 지내는 사례는 다른 지역에서도 확인할 수 있다.[25] 이를 통해 장산 천제와 상산 마고당제는 연결성이 있는 다수의 하위 마을 주민들이 1년에 두 번 설행하는 천제와 마고당제를 통해 소통과 화합의 장을 마련하고, 역질(疫疾) 구축(驅逐)과 삼재(풍해, 충해, 병해)가 없는 기풍(祈豊)을 목적으로 설행한 제의로 볼 수 있다.

24 壬寅年(1962년) 기록에는 장산 천제와 마고당제에 동참하는 하위 마을의 명칭이 '좌동, 중1동(梧山, 尾浦), 중2동(大川, 溫泉), 중3동(靑沙, 新基), 우1동(薏旨), 우2동(雲村)'이라고 기록되어 있다. 이를 통해 당시 장산당제에 참여한 마을 수는 세부적으로 총 9개 마을이었음을 알 수 있다. 세부적으로 9개 마을이지만, 제의 참여 단위로 본다면 6개 마을이다. 그런데, 1971년에 운촌 마을이 이 결속에서 이탈함에 따라 8개 마을, 제의 참여 단위로는 5개 마을이 장산 천제와 상산 마고당제에 동참하였다. 제수로 올린 배 11개 중 8개가 동참한 마을을 나타낸다면, 1971년 이후 이와 같이 11개의 배를 올려서 참여 마을의 정성을 표출한 것으로도 볼 수 있다.
25 김도현, 「삼척지역 큰서낭당 小考」, 『민속학연구』 23집, 안동대 민속학연구소, 2011, 91~125쪽.
   김도현, 「마을 천제의 구조와 성격」, 『한국민속학』 69, 한국민속학회, 2019, 224쪽.

그런데 해운대 좌동 지역이 신시가지로 개발되면서 '거릿대제'를 지내지 않게 되었고, 1980년부터 좌동마을에서 장산 천제와 마고당제를 전담하게 되었다. 이에 현재 제의는 좌동마을 제당에서의 제석당제를 포함하고, 상산 마고당 옆에서 지내는 산신제를 추가하여 '장산 천제 → 상산 마고당제 → 산신제 → 좌동 제석당제' 순서로 진행한다.

좌동 제석당제가 장산을 중심으로 한 신앙 공동체에 편입된 사례와는 달리, 장산 천제·마고당제에 동참하였었던 마을들에서는 여전히 각 마을별로 제사를 지내고 있다. 이들 마을의 제의 현황을 소개하면 〈표 2〉와 같다.

〈표 2〉 장산 천제와 마고당제에 동참하였던 마을들의 제의 현황[26]

	제당 명칭	신 령	제 일	제의 순서	비고
우1동 장지 주산당	主山堂	麻姑神位→麻姑聖仙神位	3.21 10.15→3.3	산신제→주산당제(당산할매제)→거릿대제→선돌제	1928
우1동 운촌 당산	· 산신 제단 · 당산 · 거릿대장군제단(거릿대 : 짐대 형태로 세움 - 장소 : 거릿대백이) · 샘(용왕제지냄)	당산신령위(류씨 할매를 골매기 할매로 여김)	1.15 10.7	거릿대장군제→당산제(골매기할매제)→용왕제	1936 경비는 마을 어촌계
중1동 미포 당산	제당 내 · 산신도 · 주신 · 용왕도	· 主山할아버지신위 · 主山할머니신위 · 안씨선생, 이씨선생	1.15→3년 도리로 10월 15일 풍어제 때 당산제	산 지 당 제 (산 신제)→당산제→거릿대장군제	1936
중1동 중동 당산		泰淸女堂山神	1.15	당산제→철뚝제(철로 사고 방지위해 / 지금 안 지냄)	1984

26 김승찬·황경숙,『부산의 당제』, 부산광역시사편찬위원회, 2005, 203~239쪽.

	제당 명칭	신 령	제 일	제의 순서	비고
중2동 청사포 당산	· 산신 제단 · 제당 · 거릿대 제단	· 중앙 제단: 顯洞祖妃金海金氏神位 · 왼쪽 제단: 성주 제단 · 오른쪽 제단: 세존 제단	1,3, 6,3, 10,3	산신제→본당제(골매기(김씨 골매기[김씨 할머니])+세존+성주)→거릿대장군제(걸신 잡신 모신 제단)→망부석제	1970
중2동 새터 할매집	· 제당 : 임씨 골매기할매집 · 거릿대 제단(마을 가운데 노송)	· 임장군 · 마을 개척 조상신: 임씨, 장씨, 전씨	1,3, 6,3	산신제→당산제→거릿대제	1971
좌동 제석당	· 장산 석태암과 폭포사 사이의 오른쪽 기슭	· 長山山王大神之位(2005년 기록)→帝釋大王神位(2020년 현장 조사) · 神石 모심(이전 제당에서 옮겨 옴)	1,3 6,3→ 1,3	산신제→당산제→거릿대제	1992년 옮겨 지음

  위 표에서 알 수 있는 바와 같이 청사포, 새터, 좌동마을에서 천제와 상산 마고당제를 지내는 날에 마을 제사를 지내고 있음을 알 수 있다. 그리고 운촌마을에서는 거릿대제를 먼저 지내지만, 대부분의 마을에서 '산신제 → 당산제 → 거릿대제'의 순서로 마을 제사를 지내고 있음을 알 수 있다. 이와 같은 제의 절차는 앞서 소개하였던 장산 천제와 상산 마고당제를 진행하였던 순서와 동일함을 알 수 있고, 이는 부산을 비롯하여 전국에서 그 사례를 쉽게 확인할 수 있는 제의 순서이다.

  마을 제의를 설행하는 제당을 대부분 '당산'으로 불렀으나, 일부 마을에서는 '할매집', '제석당'이라 하였다. 이들 제당에서 상당신으로 모시는 신령은 산신이고 마을을 위한 주신(主神)으로 모신 신령은 마고신(麻姑神), 당산신령, 주산(主山)할머니신위, 제석대왕(帝釋大王) 등 그 명칭이 다양하다. 그런데 신령의 명칭은 다르더라도 그 성격은 마을을 개창한 조상 또는 신화상의 시조를 모셨기에 천왕의 분화된 의미[27]를 지닌 신령이라고 볼 수 있다. 왜냐하면, 우 1동 장지 주산당에서 모신 신령은 '마고신위(麻姑神位) → 마고성선신위(麻姑聖仙神位)'인데, 이 신령을 모신 제의를 '주산당제(당산할매제)'라고 한다. 즉, '마고신(麻姑神)'을 '당산할매'로 여겼음을 알 수 있다. 이와 함께 재송 2동에 위치한 재송 당산에서 주신으로 모신 신령은 '고당신위(高堂神位, 김해 김씨)'이다. 이 신령을 위한 제의 명칭이 '고당제(본동 당산제)'이다. 제석대왕(帝釋大王) 또한 이와 같은 성격을 지닌 것으로 볼 수 있다.[28]

그러므로 장산 마고당에서 모신 '마고'는 천왕의 분화된 의미를 지닌 신령으로 상산 마고당제에 동참하였던 모든 마을 주민들이 공동으로 모시면서, 각 마을에서도 그 명칭을 달리하여 모셨음을 알 수 있다.

신령으로서의 천신(天神)은 하늘의 신성함 그 자체에 의탁하여 모신 신령

---

27 이 지역의 마을에서 主神으로 모신 신령인 마고신(麻姑神), 당산신령, 주산(主山)할머니 신위, 제석대왕(帝釋大王) 등은 '천왕'의 분화된 의미로 볼 수 있는 '마을을 개창한 신화상의 시조'로 볼 수 있다. 집안을 개창한 신화상의 시조 또한 천왕의 분화된 성격을 지닌 신령으로 볼 수 있는 "경기도 지역에서는 자식을 못 낳을 경우 친척 중 자식을 잘 낳은 할머니를 '산할머니'라고 하여 '산할머니'가 사용한 속옷을 받아서 입거나, 빌어주길 부탁하는 사례(김지욱 제보. 2007년 6월 30일)", '산멕이'에서 '신화상의 시조'로 여겨서 모신 '산'이 지닌 의미 등 천왕의 분화된 의미를 지닌 신령으로 볼 수 있는 사례들이 매우 많다.
 · 김도현, 「환웅신화에 보이는 天王의 성격」, 『《삼국유사의 세계》(최광식 교수 정년기념 논총)』, 세창출판사, 2018, 440~445쪽.
 · 김도현, 「삼척 상두산 산멕이에서 모시는 신령들의 구조와 성격」, 『한국무속학』 41집, 한국무속학회, 2020, 67~122쪽.
28 '제석(帝釋)'은 가정신앙에서 출산을 도와주고 자손의 명(命)과 복(福)을 관장한다고 믿어지던 신격 중 하나이다. 경기도 · 충북 등 중부지방에서는 자손의 수명과 복을 관장하는 신령으로서의 성격을 강하게 지녔으며, 전남지역에서는 조상신의 성격을 지녔다고 여기고, 경상도지역에서는 세존단지를 안방에 모시는데, 이 또한 '제석'을 모시는 가정신앙의 한 형태로 인식한다.
권태효, 「帝釋」, 『한국민속신앙사전(가정신앙)』, 국립민속박물관, 2011.

[天靈 또는 天靈之神][29], 또는 하늘을 관장하는 신령, 하늘을 초인격화하여 모신 신령, 세상을 관장하는 최고의 신령 또는 기우·역질 구축 등 다양한 종교적 기능을 수행하는 신령으로 모신다.[30] 장산 천제는 장산에 인접한 마을들을 큰 틀에서 관장하는 천신을 모신 천제단을 만들어 이들 마을 전체를 위한 제의로 기능하였음을 잘 보여주는 사례이다.

5) 강원도 강릉시 강동면 고청제[31]

(1) 마을 소개

강동면은 강릉시의 남동쪽에 위치해 있기에, 동쪽은 바다, 서쪽은 구정면, 남쪽은 옥계면, 북쪽은 월호평동과 접해 있다. 강동면사무소는 상시동리에 있고, 포구는 안인진리에 있다. 안인진에는 조선 시대에 수군이 주둔하였다.

면 내에는 만덕봉에서 발원한 물이 언별리 단경골로 흘러와 모전리·임곡리·안인리를 거쳐 비교적 넓은 논이 형성되어 있으며, 안인진리 해령산 낙맥에 있는 명선문에서 바다로 빠지는 군선강이 있고, 그 외의 하천으로

---

29 천령(天靈)과 관련하여 비교 대상은 해령(海靈), 산령(山靈)이 있다. 바다에서의 안전과 풍어 등을 직접적으로 관장하는 신령으로 모셔지는 존재인 해령(海靈)은 산령(山靈)에 대비되는 용어로써 바다가 지닌 신령함 그 자체에 의탁하여 종교적 염원을 이루려고 모신 신령이다. 해신(海神)은 바다를 관장하는 지위를 지닌 신령을 이르는 표현이다. 이와 같이 해신과 해령을 구분하여 이해할 수 있다. 이에 천신과 천령을 구분하여 이해할 필요가 있다.

30 김도현, 「마을 천제의 구조와 성격」, 『한국민속학』 69, 한국민속학회, 2019, 193~228쪽.

31 김도현, 「강릉 대동마을 민속(민간신앙·세시풍속·종교·민간의료)」, 『강릉 대동마을지』, 가톨릭관동대·한국수력원자력, 2019, 173~177쪽.

호천·정동천·임곡천 등이 있다.

조선 영조 대에 만들어진『여지도서』에는 강동면을 '자가곡면(資可谷面)'이라 하여 신석리, 시동리, 모전리, 안인진리의 4개 리를 관할한 것으로 기록되어 있다. 일제강점기인 1916년에 군선강 동쪽이 된다고 하여 면 이름을 자가곡면에서 강동면으로 고쳤다. 1931년에 간행된『강릉생활상태조사』에는 강릉 지역이 13개 면으로 구분되었는데, 이 조사보고서에도 강동면이라 하여 신석리·운산리·상시동리·하시동리·도동리·임곡리·모전리·안인대동리·안인소진리·산성우리·정동진리 11개리로 개편하고, 1983년 2월 15일 읍면 행정구역 조정으로 언별리가 구정면에서 편입되었고, 1989년 1월 1일 운산리가 강릉시로 편입되었다.

현재 강릉시 강동면은 모전 1리를 비롯하여 21개 행정리, 10개 법정리, 62개 자연마을, 92개 반이 있고, 총면적은 112.22㎢이다.

(2) 제의 개요

강동면 고청제는 강릉시 강동면 전체를 관장하는 천제이다. 이에 예전부터 면장을 초헌관으로 하여 아헌관(하시동 소재지 인물)·종헌관(현재 강동면 이장협의회 회장) 등 강동면을 대표하거나 각 마을을 대표하는 사람들이 헌관으로 참여하였고, 강동면에 속한 마을들이 동참하는 형식으로 지냈다. 제물은 강동면 특산물을 각 동리별로 가져와서 이를 모아서 준비하였다는 이야기가 전한다. 즉, 쌀과 소금은 대동리, 어물(생선·문어 등)은 안인진리, 미역은 정동리·심곡리, 곶감과·산채·각종 농산물 등은 언별리, 밤과 쌀은 운산리, 어물과 쌀 등은 하시동리에서 자발적으로 가져왔다. 그리고 강동면을 대표하거나, 각 마을을 대표하는 사람들이 헌관으로 지명되었다.

제당은 원래 돌담을 두른 형태였으나, 2008년에 홍○○ 의원이 강릉시의 지원을 받아 현재의 형태로 제당 건물을 짓고, 지역 유림들도 적극 동참하게 되어 현재에 이르고 있다. 제당은 정면 한 칸, 측면 한 칸의 홑처마에 기와를 올린 맞배지붕 형태이고, 제당 주위에 돌담을 둘렀다. 제당에 모신 신령은 토지신, 성황신, 여역신이고, 제당 건물에 '성황당'이라고 쓴 편액이 걸려 있다.

제사는 매년 정월 초정일(初丁日) 자시(子時)에 지냈으나, 1980년대에 이르러 오전 11시에 지내는 것으로 정하여 오늘에 이르고 있다. 고청제를 지낼 때 강동면에 속한 마을 이장들이 고청제에 모두 참여하고, 성황당 벽에 분방을 걸고, 홀기에 적힌 의례 순서에 의해 진행한다.

금줄은 정월 첫 정일 10일 전에 청소를 한 후에 건다. 음식 준비는 하시동 1리 마을에서 한다. 이에 하시동 1리 마을 서낭당이 강동면 전체를 위한 고청제 장소로 이용되고 있음을 알 수 있다.

제의 진행은 제물 진설, 개회식, 분방 알림, 제집사 관세위 후 집사들 자신들의 위치에 도열, 모두 4배, 전폐례, 초헌관이 토지신에게 재배 후 상상향, 전폐례, 전작, 부복하여 토지신에게 올리는 축문을 읽음, 성황신에게 재배 후 상상향, 전폐례, 전작, 부복하여 성황신에게 올리는 축문을 읽음, 여역신에게 재배 후 상상향, 전폐례, 전작, 부복하여 여역신에게 올리는 축문을 읽음, 이후 아헌관과 종헌관이 각각 토지신 · 성황신 · 여역신에게 술을 올린 후 헌관들이 함께 4배 한 후 전체 참가자들이 모두 4배를 하고, 초헌관이 제당 밖의 망료석 위에서 폐백지와 축문을 태우고, 집사들이 4배 한 후 음복례를 하고, 헌관들에게 대추 · 밤 · 곶감과 함께 대구포를 한지에 싸서 드린 후 금줄을 걷는 순서로 설행한다.

2016년 강릉시 강동면 하시동리 성황당에서 지낸 대고청제 제물 진설도는 다음과 같다.

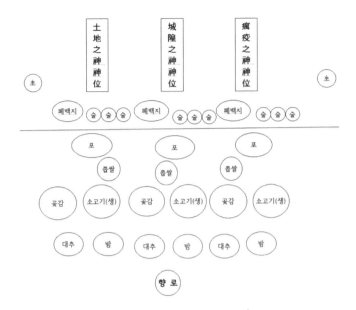

<그림96> 강릉시 강동면 대고청제 진설도(2016년)

(3) 의미

강릉 지역을 비롯하여 영동 지역에서 산견되는 고청제는 중심 마을에 속한 하위 마을들을 모두 아울러서 지내는 공동체 신앙인데, 천신을 모신 제의로 볼 수 있다.[32] 그런데 변동되는 과정에서 마을 주민들의 결속이 약해지고, 고청제를 지낸 마을 또한 별도의 마을제를 해당 제당에서 지내기에 천신을 모신 전통은 점차 사라지고, '고청제'라 불리면서 강동면에 속한 마을 이장들이 모두 참여하는 형태의 제의 전통만 남아 있다.

---

32 이한길, 「고청제」, 『한국민속신앙사전(마을 신앙)』, 국립민속박물관, 2010.

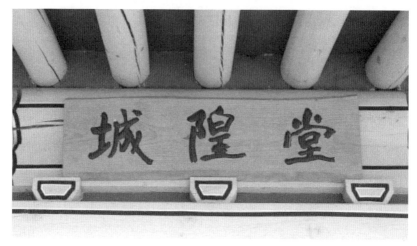

〈사진97〉 강릉시 강동면 고청당 편액(2016년)

〈사진98〉 강릉시 강동면 고청당 내에 모신 신위(2016년)

〈사진99〉 강릉시 강동면 고청당 제물 진설(2016년)

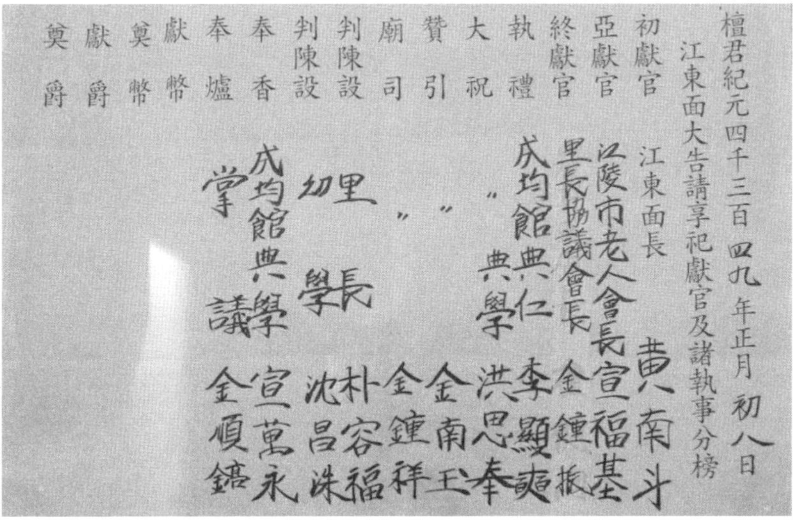

檀君紀元四千三百四九年正月初八日
江東面大告請享祀獻官及諸執事分榜

初獻官　　　　　　　　　　　黃南斗
亞獻官　江東面長　　　　　　宣福基
終獻官　江陵市老人會長　　　宣福基
大祝　　里長協議會長　　　　金鍾振
執禮　　成均館典仁學　　　　李顯奭
贊引　　　〃　　　　　　　　洪思爽
廟司　　　〃　　　　　　　　李顯奉
判陳設　　　　　　　　　　　金南玉
判陳設　切里學長　　　　　　金鍾祥
奉香　　　　　　　　　　　　朴容福
奉爐　成均館典學長　　　　　沈昌洙
獻幣　掌均館典學　　　　　　朴萬永
獻幣　掌均館典學議　　　　　金頂鎬
奠爵
奠爵

〈사진100〉 강릉시 강동면 고청제 분방(2016년)

〈사진101〉 강릉시 강동면 고청제에서 폐백을 올림(2016년)

〈사진102〉 강릉시 강동면 고청제 독축(2016년)

〈사진103〉 강릉시 강동면 고청제에서 여역신을 위한 축문을 읽음(2016년)

〈사진104〉 강릉시 강동면 고청제 음복(2016년)

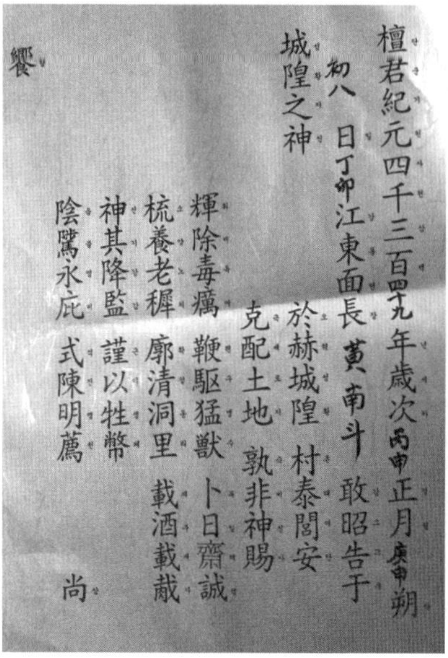

檀君紀元四千三百四十九年歲次丙申正月庚申朔
初八日丁卯 江東面長 黃南斗 敢昭告于
土地之神
於皇后土 鎮我一面
克配上帝 溪山明麗
呵噤雜神 是夜最長 齋我虔誠
廓揮百癘 雪月開霽 潔我牲幣
神其降歆 謹以牲幣
佑我永歲 式陳明薦
尚
饗

檀君紀元四千三百四十九年歲次丙申正月庚申朔
初八日丁卯 江東面長 黃南斗 敢昭告于
城隍之神
於赫城隍 村泰閭安
克配土地 孰非神賜
輝除毒癘 鞭驅猛獸 卜日齋誠
梳養老穉 廓清洞里 載酒載歲
神其降監 謹以牲幣
陰騭永庇 式陳明薦
尚
饗

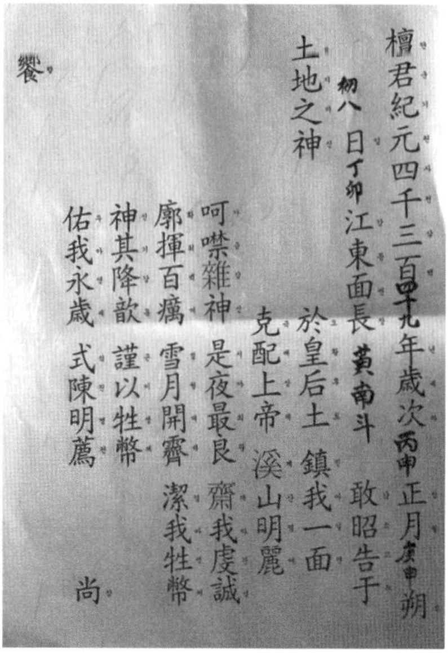

〈사진105〉 2016년 강릉시 강동면 고청제 축문(성황신)
〈사진106〉 2016년 강릉시 강동면 고청제 축문(토지신)

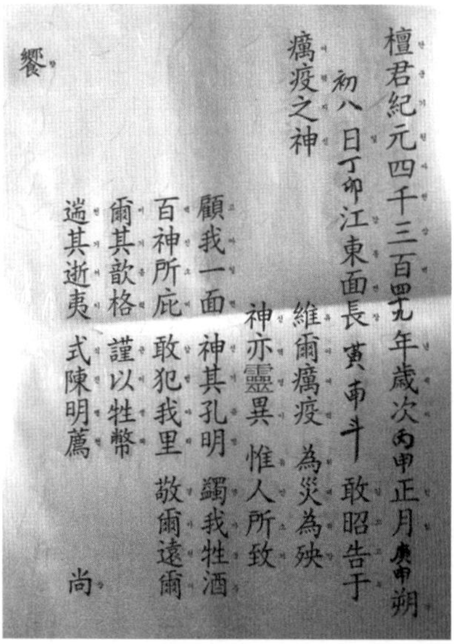

檀君紀元四千三百四十九年歲次丙申正月庚申朔
初八日丁卯 江東面長 黃南斗 敢昭告于
癘疫之神
維爾癘疫 為災為殃
神亦靈異 惟人所致
顧我一面 神其孔明
百神所庇 敢犯我里
爾其歆格 敬爾遠爾
遄其逝夷 式陳明薦
尚
饗

〈사진107〉 2016년 강릉시 강동면
고청제 축문(여역신)

3. 마을 신앙으로 기능하는 천제[33]

1) 강원도 동해시 동호동 천제[34]

(1) 마을 소개

천제를 지내는 골말은 현재 동호동 내에 있는 마을이다. 18세기 중반에 현재의 동호리는 망상리(望祥里) · 만우리(晩遇里) · 대진리(大津里) 중 만우리(晩遇里)에 속하였다고 볼 수 있다. 당시 만우리는 75호에 남자 162명, 여자 172명이었다.[35] 1911~1912년 사이에는 강릉군 망상면 동호리라 불리었다.[36] 1916년 행정구역 통폐합으로 발한리에 흡수되었다가, 1929년에는 '망상면 동호리'라 불리었고, 동호리 내에 '와동촌(瓦洞村) · 곡촌(谷村) · 서호촌(西湖村) · 비석가(碑石街)'라 불린 자연마을이 있었는데, 천제단이 있는 골말은 '곡촌(谷村)'이라 불렸음을 알 수 있다. 당시 골말(谷村)에는 8가구 37명의 주민이 거주하였다.[37] 1942년 망상면이 묵호읍으로 승격되면서 발한리에 속하였고, 1980년 4월 1일 북평읍과 묵호읍을 통합하여 동해시가 만들어지면서 발한 5 · 13 · 14리가 동호동으로 개편되었고, 1984년 6월 향로동 일부

---

33 특정마을에서 천신(天神)을 주신(主神)으로 모신 마을 천제(天祭)이다. 즉 천신을 상당 신이나 하위 마을들과 함께 모시는 신령이 아닌 해당 마을 단독으로 천신을 주신으로 모신 마을 천제 형태이다.

34 김도현, 「동해시 동호동 천제단 운영과 그 성격」, 『박물관지』14집, 강원대학교 중앙박물관, 2008년 2월, 47~72쪽.

35 『輿地圖書』江陵都護府 方里 望祥面條. 〈晩遇里自官門南距七十里編戶七十五男一百六十二口女一百七十二口〉.

36 신종원(편), 『강원도 땅이름의 참모습 《朝鮮地誌資料》江原道篇-』, 경인문화사, 2007, 587쪽.

37 善生永助, 『生活狀態調査, 其3 江陵郡』, 朝鮮總督府, 1941.

를 동호동에 편입하여, 현재 15개 통과 91개 반으로 구성되어 있다.

수대에 걸쳐 전주 이씨와 진주 강씨, 삼척 심씨, 정선 전씨가 마을 토박이로 살고 있으며, 진주군 심동로의 묘도 느릅골 양지바른 언덕에 있다.

천제단이 있는 능선은 '재궁등'이며, 마을 주민들은 골말 · 질골 · 재궁 등에 주로 거주하고 있다. 천제단 동쪽으로 질골이 있으며, 북서 방향으로 길게 뻗어 만우동에 이르는 골을 '느릅골'이라 부른다.[38] 재궁등과 질골 사이에 있는 계곡에 많은 물이 흘러 골이 깊었으나, 지금은 많이 메워져 골짜기로서의 면모는 상실한 상태이다.

동호동 천제는 이전에 마을 대표들이 주도하였으나, 지금은 동호동 대동회가 주관하여 지내고 있다. 동호동 대동회는, 회원이 2007년 기준으로 62명이며, 건물 임대료 수입을 기반으로 동호동 천제와 천제단 관리를 주로하면서, 마을 현안을 논의하는 자치 단체이다.

(2) 제의 개요

동해시 동호동 10통 2반과 4반의 마을 제당으로 기능하는 천제단에서의 천제는, 매년 음력 섣달 그믐날 아침부터 도가 · 제관과 · 집사들이 천제단 내 공터에서 희생(犧牲)인 돼지를 잡아 부위별로 해체한 후 피제사를 지내고, 제수 준비를 하여 자시(子時)에 지낸다.

예전에는 밤하늘의 별 중 북두칠성의 물을 담는 쪽에 길게 비스듬히 늘어

---

38 이 골짜기는 1911~1912년 사이에 발간한 『朝鮮地誌資料』에 '直谷[고든골]'로 표기되어 있는데, 원래의 지명인 '고든골'이 한자로 표기하면서 '直谷'으로 부르다가, 이를 다시 한글로 읽으면서 현재의 '질골'이란 지명이 만들어진 것으로 보인다.
신종원(편), 『강원도 땅이름의 참모습《朝鮮地誌資料》江原道篇-』, 경인문화사, 2007, 585쪽.

선 세 쌍의 별이 일직선으로 일치하면 '삼태가 올랐다'고 하여 이때 천제를 지내기 시작하여 제사를 마치면 첫닭이 운다고 하였다.

동호동 주민들은 태백산에 모신 천신을 할아버지로 인식하고, 천제단에 모신 천지신을 이와 관련하여 태백산 할머니로 여긴다. 이와 함께 동호동의 인근 마을에서도 동호동 천지신의 신격을 높이 여겨 옛날에는 동호동 골말 천제를 지낸 후 횃불을 올리면 묵호 어달산 봉수에서 이를 받아 주변 마을에 알렸고, 이를 신호로 마을별로 별도의 마을제를 지낸다는 말이 전해진다. 이를 직접 본 사람은 없으나, 인근에서 정월 초하루에 마을 제사를 지내는 곳이 부곡동·매동·사문동·승지골 서낭당이고, 이들 마을에서도 동호동 천제단을 이 지역의 중심 제당으로 인식하고 있으며, 만우동에서 느릅재를 지나 동호동 시장으로 다녔다는 현지 조사 결과를 종합해 본다면, 천제를 지낸 후 횃불을 올리면 마을제를 지냈다는 이야기는 동호동 천제단이 이 지역의 중심 제당이었음을 달리 표현한 것으로도 볼 수 있다.

즉, 동호동 인근에 있는 만우동·사문동·부곡동·발한동의 서낭당에서 주신(主神)으로 모신 성황신은 마을 수호신으로서의 위상을 지닌 것으로 여겨 치제(致祭)되는 것에 비해, 동호동 천제단에서 모신 천신은 그 위상이 개별 마을을 넘어서서 주변 마을 모두를 아우르는 상당신으로서의 위상을 지녔다고 볼 수 있다.

천제단 내에 있는 300여 년 된 소나무와 관련하여 전하는 전설은 천제단이 세워진 연유를 일부 알려 준다. 그 내용은 마을의 어느 촌로의 꿈에 웅녀가 나타나 자기가 소나무로 환생하여 마을 뒷산에 있으니 옮겨 와 모셔 줄 것을 요청하기에 소나무를 마을로 옮겨 와 언덕 위에 심게 되었으며, 이후 매년 섣달 그믐날에 소나무를 신목(神木)으로 모시고 천제를 봉행한 것이 현재에 이르고 있다고 전해진다.

천제의 영험함과 관련하여, 전○○ 회장의 아버지인 전○○ 씨가 17세에 결혼하여 21세 되던 해에 국가 임용 시험에 합격하였는데, 당시 부친이 천제 제관을 하여 그 영험으로 공직에 진출하였다고 여러 번 강조하였다. 이에 아드님인 동호동 대동회 회장인 전○○ 씨도 평소에 천제에 정성을 많이 드렸기에 하는 일이 모두 잘되었다고 하였다.

동호동 천제를 준비하는 과정을 소개하면 다음과 같다.

제관과 집사들이 섣달 25일 오전 9시경 기물고에 모여 부정을 막고 잡인의 출입을 금하는 금줄을 만들어 12시쯤 금줄을 쳤다. 2곳에 금줄을 친 후 시장에 가서 제수를 구입하였다.

마을에서 가장 중요하게 여기는 제수인 돼지를 잡은 후 긴 바가지에 처음 나온 피를 받아서 가마솥의 뜨거운 물에 중탕하여 익힌 후 식혀 굳힌 핏국 3그릇을 준비하여 각 신위별 교자상에 술 한잔과 핏국 한 그릇씩을 진설하여 집사들이 해당 상석 위에 올린다. 젓가락을 핏국이 담긴 대접 위에 걸고 술을 올리고 재배한다. 재배 후 술과 젓가락을 내리고, 재배한 후 음복을 하고, 상을 내림으로써 피제사를 마친다. 피제사를 지낸 후 점심을 먹는다.

이와 같이 소나 돼지를 희생(犧牲)으로 올리는 경우 피를 제단에 뿌리거나 그릇에 담아 올려 제를 지내는 예는 다른 지역에서도 많이 발견된다. 이와 같이 동호동에서 희생의례(犧牲儀禮)를 지내는 것에 대해 주민들은, 천제를 지내는 과정에서 제일 먼저 돼지를 잡아 올려 정성을 다한다는 의미와 함께 각종 부정을 방지한다는 의미로 인식하고 있다. 예전에는 제단에 올린 피를 삶아서 먹었으나, 지금은 먹지 않는다.

제수는 미리 제 신위별로 교자상 각 2개씩에 진설하여 한지로 덮어 제단 아래에 별도로 만든 단에 준비하였는데, 모든 제물과 술을 각각의 신위별로 준비하였다. 제수는 천지신에 제일 좋은 것으로 많이 올리고, 그 좌우의 여역신과 토지신에는 천지신의 절반씩 올린다. 제수 준비가 끝나면 제관과 집사들은 기물고에서 마을 현안과 일상사 등에 대해 담소를 나누며 고사 시간이 될 때까지 기다린다.

밤 11시 20분에 집사들은 자신들이 담당한 제단에 올릴 새우메를 짓기 시작하여 11시 40분경에 메를 다 지었다. 이후 메와 함께 각각의 신위별로 준비한 제수를 집사들이 제단으로 옮기고, 제관과 집사들은 고사를 지낼 옷으로 갈아입는다. 이때 제관들은 청포를 입고 갓을 쓰며, 집사는 청포를 입고 유건을 썼다. 제수 진설은 1992년경에 당시 노인회장님이 만들어 기물고 벽에 걸어 둔 진설도를 참고하였다. 진설을 마친 후 밤 12시가 지나면서 축관(집례 역할을 같이 함)이 홀기에 적힌 순서대로 천제를 진행하여 12시 20분경에 고사를 마쳤다. 1967년 자료에 의하면 상당인 천제단에서 1월 1일 오전 1~2시 사이에 천제를 지냈고, 하당에서는 오전 2~3시 사이에 별도로 준비한 제수를 진설하여 고사를 지냈음을 확인할 수 있다.

동호동 천제를 지내는 과정을 구체적으로 소개하면 다음과 같다.

제관들과 집사들이 제물을 진설한 후 집례가 모두를 뒤로 물러서게 한 후 집사들로 하여금 앞으로 나아가 초에 불을 켜게 하였다. 이후 헌관과 집사들이 각각의 신위 앞에 꿇어앉은 후 향을 피우게 하였다. 향을 피운 후 헌관의 술잔에 집사가 술을 따르고 이를 집사가 받아서 제단에 올리고 제관과 집사 모두 재배하였다.

재배를 마친 후 머리를 숙이고 앉은 상태에서 집례가 마을의 안녕과 개인별 건강과 태평을 기원하는 축문을 읽었다. 축문은 해방 이전부터 전해진 것이라고 하였는데, 소개하면 다음과 같다.

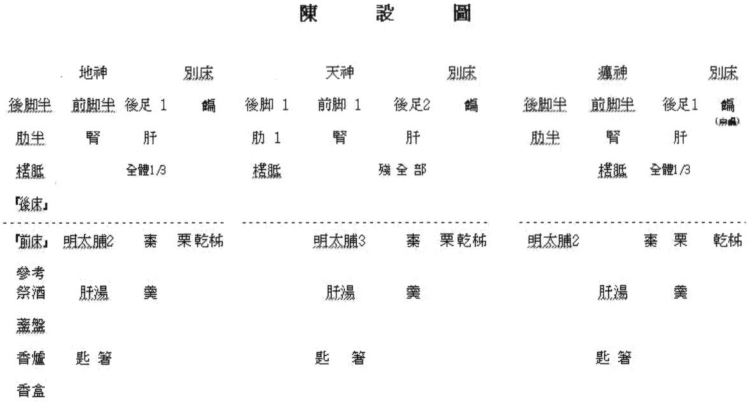

陳　設　圖

	地神		別床		天神		別床		癘神		別床
後脚半	前脚半	後足1	醢		後脚1	前脚1	後足2	醢		後脚半	前脚半	後足1	醢(脯醢)

後脚半　前脚半　後足1　醢　　後脚1　前脚1　後足2　醢　　後脚半　前脚半　後足1　醢(脯醢)
肋半　腎　肝　　　　肋1　腎　肝　　　　肋半　腎　肝
搢脈　全體1/3　　　搢脈　殘全部　　　搢脈　全體1/3
『後床』

『前床』　明太脯2　棗　栗　乾柹　　明太脯3　棗　栗　乾柹　　明太脯2　棗　栗　乾柹
參考
祭酒　　肝湯　羹　　　　　肝湯　羹　　　　　肝湯　羹
盞盤
香爐　　匙　箸　　　　　　匙　箸　　　　　　匙　箸
香盒

〈그림108〉 기물고 벽에 걸려 있는 제물 진설도

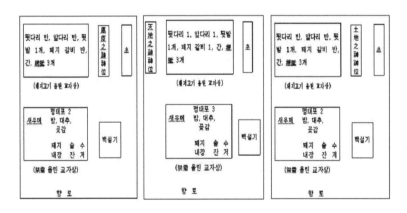

〈그림109〉 2007년 천제 제물 진설도

維歲次丁亥正月癸未朔初一日癸未幼學獻官

白原基

姜振遠

朴連根 等

敬告于

天地之神

土地之神

癘疫之神

前曰伏以

日月光華　風露篩稿

昆虫殖蕃　草木蕞盉

天道流行　資生萬物

國有郊祀　成蒙蔭騭

正月孟春　羞卜吉日

上下人民　齊沐誠竭

雨順風調　百穀興潑

千箱滿盈　萬庫充溢

太平至樂　到務引越

記山錄水　靜如太請

尚

饗

이 축문에는 천지신·토지신·여역신에게 마을 주민들이 정성을 다해 제사를 지내며, 농업 생산의 안정과 풍요·마을 주민들의 안과태평을 기원하는 내용이 담겨 있다.

축문으로 보아 제단 이름이 천제단이지만 실제는 천신과 토지신을 같이 모시면서 토지신을 이중으로 모셨음을 알 수 있다. 이와 같이 이중으로 모시는 이유를 알 수 없지만, 축문 내용 중에 '교사(郊祀)'라는 용어가 있는 것으로 보아 하늘에 대한 제사를 중시하면서, 동호동 주민들은 천제를 통해 마을의 안과태평과 경제적 풍요를 염원하였음을 알 수 있다.

축문을 읽은 후 집례의 지시에 의해 모두 일어서면, 집사들은 메의 뚜껑을 열고 숟가락을 꽂고 젓가락을 바로 놓았다. 이후 집사가 다시 각 신위 앞에 술을 올린 후 부복(俯伏)하였다. 부복한 후 집례의 지시에 의해 헌관들이 소지를 올렸는데, 동호동 전체·고사에 찬조한 사람들·제관과 집사·마을 주민들이 모두 잘되길 기원하였다.

〈사진110〉 동해시 동호동 천제단 전경(2007년)

〈사진111〉 동해시 동호동 천제단 전경(2008년)

〈사진112〉 동해시 동호동 천제를 지내기 위한 메 준비(2007년 2월 17일)

〈사진113〉 동해시 동호동 천제 제물 진설(2007년 2월 17일)

〈사진114〉 동해시 동호동 천제 지내는 과정에서 절을 함(2007년 2월 18일)

〈사진115〉 동해시 동호동 천제에서 제관들이 소지를 올림(2007년 2월 18일)

〈사진116〉 동해시 동호동에서 천제를 지낸 후 다음 날 마을 주민들이 도배를 함(2007년 2월 18일)

소지를 모두 올린 후 집사들이 메의 뚜껑을 덮고 자세를 바르게 한 후 다시 집례의 지시에 의해 모두 재배하였다. 재배가 끝난 후 헌관과 집사들이 음복하고 제수를 모두 내림으로써 천제를 모두 마쳤다.

제단에서 내린 제수와 돼지 뼈를 기물고로 가져와서 천제를 지내기 위해 봉사한 동호동 대동회 간부와 제관·집사·도가·축관들을 위해 각 제수를 골고루 나누어 담은 '봉개(봉애, 반포)'를 준비하여 나누어 주었다. 남은 제수와 돼지머리 등을 다시 조리하여 설날(2007. 2. 18) 동호동 골말 경로당에서 열린 합동 세배를 마친 후 참여한 사람들에게 식사를 대접하였다.

(3) 동호동 천제의 성격

동호동 천제단을 이해하기 위하여 다른 지역의 천제당과 함께 인근 마을의 제당에 관한 조사를 통해 동호동 천제단의 특징을 규명해 보고자 2008년 1월 중에 인근의 부곡동·발한동·만우동을 현지 조사하였다. 현지 조사 결과를 토대로 주요 항목을 도표로 작성하여 비교해 보면 〈표 3〉과 같다.

〈표 3〉 동해시 동호동 천제단 주변 마을 제당 현황

구분	제일(음력)	제당 명칭	제당 형태	신위	주요 제수	특기 사항	비고
동호동 천제단	1.1	천제단	신목+야외제단	토지신, 천지신, 여역신	수퇘지, 통포, 떡, 막걸리, 3실과, 새우메 / 3상	·神의 성을 여성으로 인식. ·수퇘지를 희생으로 올림 ·제수는 제당 내에서 준비함.	
부곡동 서낭당	1.1	서낭당	神木+당집	오른쪽 방(성황신) 왼쪽방(여역신, 토지신, 성황신)	메,포,청주,어물,꼬치 형태의 소고기, 나물, 떡(총 4상 준비)/예전에는 소를 희생으로 올림	·성황신-왼쪽방(성황신-토지신-여역신)- 수부신 위함 ·제수는 제당 내에서 준비함.	神木은 현재 枯死

구분	제일(음력)	제당 명칭	제당 형태	신위	주요 제수	특기 사항	비고
부곡동 도두(매동) 서낭당	1.1	성황당	神木+당집	토지, 성황, 여역신	소고기(고기, 천엽, 간), 떡, 새우 메, 명태 통포, 3실 과, 술, 탕 / 3상	·절할 때 항상 8배함. ·제수는 제당 내에서 준비함.	
부곡동 승지골 서낭당	1.1	성황당	당집	여역신, 성황신, 토지신	메, 술, 고기, 3실과, 포, 떡 / 3상		
사문동 서낭당	1.1	성황당	당집	여역신, 성황신, 토지신	세우메, 고기 3실과, 술, 건명태, 물명태, 문어 등 / 3상	물명태를 제수로 사용	
발한동 서낭당	1.14	성황당	당집	성황신, 토지신, 여역신	메, 술, 돼지머리, 3실과, 떡, 나물, 어물, 대구포 등 / 3상	·제사 순서 : 토지신→성황신→여역신 ·할아버지 서낭으로 인식	
만우동 서낭당	1월 初丁日	서낭당	神木+당집	토지신, 성황신, 여역신	포, 고기 (꼬치형태로), 메, 어물, 탕, 나물, 떡 / 3상	·예전에 금줄 칠 때 닭피를 뿌려 부정 방지 ·술을 신위별로 3잔씩 총 9잔 올림	神木은 현재 枯死

위 〈표 3〉을 보면 알 수 있는 바와 같이 동호동 주변 마을의 제일(祭日)은 발한동과 만우동을 제외하고 1월 1일(음력)임을 알 수 있다. 1967년 조사한 동해시의 옛 묵호 지역 21개 마을 제당 중 만우동과·초구동·부곡 1리에 서 매년 음력 정월 초정일(初丁日)에 마을 제사를 지냈으며, 정월 15일에 마을 제사를 지내는 마을은 2곳, 11월 중에 지내는 곳은 3개 마을이며, 이를 제외한 대부분의 마을에서 1월 1일(음력)에 고사를 지낸다고 하였다.[39]

삼척시 갈야산 천제당·남양동 천제당·원당리 천제당에서도 1월 1일

39 국립민속박물관(편),『한국의 마을제당(강원도)』, 1997, 171~193쪽.

(음력)에 고사를 지낸다. 그러나 3월 3일이나 5월 단오에 고사를 올리는 사례도 여러 곳에서 발견되고 있다. 따라서 동호동 천제 제일인 1월 1일(음력)은 동호동 천제만의 특징으로 볼 수 없고, 1년의 시작을 정월 초하루로 여겨 이때 마을 고사를 지내는 동해시에 속한 옛 묵호 지역 제일(祭日)에 나타난 전통을 잘 보여준다고 볼 수 있다.

동호동과 인근 마을에서 모시는 신령(神靈)은 동호동을 제외하고, '토지신·성황신·여역신'을 모시고 있음을 알 수 있다. 이에 비해 동호동 천제단에서는 '토지신·천지신·여역신'을 모시고 있다. 중앙에 모신 '천지신(天地神)'은 하늘과 땅에 정성을 드린다는 의미로 보았을 때, 좌측에 협시하는 '토지신(土地神)'의 존재는 마을에서 토지신에게 이중의 정성을 드리고 있음을 보여준다. 이에 관해 다양한 사례가 모여진다면 그 의미를 더 깊이 파악할 수 있을 것이다.

동호동 인근 마을에서는 한 제당 내에 공통적으로 '성황신·토지신·여역신'을 함께 모신다. 이러한 사례는 인근의 삼척시나 태백시에서도 많다. 동호동 천제단에서도 천지신과 함께 토지신과 여역신을 모시고 있다. 이와 같이 태백시 삼수동 절골 천제당에서 천신(天神)과 함백산신(咸白山神)을 함께 모시고, 태백시 백산동 천제당에서 연화산 신령(神靈)과 천신(天神)을 함께 모셨으며, 삼척시 원당동에서도 오십천 변에서 천제(天祭)를 지낼 때 '천신(天神)·지신(地神)·용신(龍神)'을 함께 모시고 있는 것으로 보아, 마을의 여건을 고려하여 천신(天神)과 마을에서 위하는 신령(神靈)을 함께 모시는 것을 동호동만의 특별한 사례로 보기는 어렵다.

마을 신앙의 구조를 고려하여 매동 서낭당과 만우동 서낭당에서 토지신에 먼저 고하고 성황신에 고한다는 점에 주목한다면, 이는 제당과 마을이 위치한 땅에 정성을 먼저 드린 후 천지신이나 성황신을 본격적으로 위한다는 의미로 볼 수도 있다. 왜냐하면 마을 신앙이 기본적으로 상·하당신으로 구성되어 있다고 본다면[40] 동호동 인근 마을에서의 신앙 구조는 한 제당 내에 상당신과 하당신이 합사된 것으로 볼 수 있기 때문이다. 그러나 동호동에서 마을 제의를 진행하는 과정에서 10여 년 전까지 천제를 지낸 후 마을 서낭당에서 다시 고사를 지냈다는 점은 천제단이 상당, 서낭당이 하당으로 기능하였음을 알려 준다. 그러나 마을 제당이 '상당과 하당'으로 구분 지어질 때 각 제당 내에는 보통 하나의 신령만을 모시는 것이 일반적인데, 동호동에서는 상당인 천제단에서 '천지신·토지신·여역신'을 모시면서, 하당인 서낭당에서도 '성황신·토지신·여역신'을 모셨음을 알 수 있다.[41] 마을에서는 천제단에서 모시는 천지신을 '하늘신'으로 인식하여 이를 '성황신'의 상당신으로 인식하고, '성황신'은 마을 수호신으로 인식하고 있다.

한 마을 내의 두 제당에서 이와 같이 '토지신·여역신'을 함께 모시는 예를 찾기는 쉽지 않다. 이에 관해 좀 더 다양하고 세밀한 현지 조사와 분석을 한다면 그 이유를 밝혀낼 수 있으리라 생각한다.

인근 마을의 제당은 '당집' 형태 또는 '당집+신목' 형태인데 비해 동호동 천제단은 이와는 달리 산 능선의 편평한 곳을 선정하여 신목(神木) 아래에 제단을 설치하였다는 점은 인근 마을과 분명히 구분되는 특징으로 볼 수 있다. 그리고 이러한 제단 형태는 삼척시 갈야산 천제단, 호산 해망산 천제단, 풍곡리 천제단 등에서도 볼 수 있다. 그러나 신목 아래에 제단을 설치하여

---

40 이필영, 『마을 신앙으로 보는 우리문화 이야기』, 웅진닷컴, 1994, 16~17쪽.
41 1967년 조사 자료와 마을 주민들을 대상으로 한 현지 조사 결과를 종합하였을 때 서낭당에서도 3분 신위를 모셨음을 알 수 있다.
   국립민속박물관(편), 『한국의 마을제당(강원도)』, 1997, 184~185쪽.

서낭당으로 불리는 마을 제당 또한 다른 지역에서 많이 발견할 수 있다. 태백시 함백산 천제당이나 연화산 천제당, 삼척시 남양동 천제당의 경우 당집 형태로 운영되고 있다. 따라서 동호동 천제단의 제단 형태는 동호동 내에서 천제단으로서의 특징적인 면모를 보여주는 것으로 볼 수 있다.

부곡동 서낭당 · 매동 서낭당 · 사문동 서낭당 고사를 지낼 때 희생(犧牲)으로 소를 잡았다고 하였으며, 이들 마을에서 소를 희생으로 하지 않은 지 수십 년 이상이 되었지만 여전히 그 전통을 이어서 생고기와 내장을 제수로 올리는 마을이 많다. 그러나 돼지를 희생으로 올리는 마을은 동호동 이외에는 없으며, 특히 피제사를 지내는 마을 또한 없다. 희생으로 돼지를 잡아 피제사를 지낸다는 점은 천제와 관련한 역사적 사실과 다른 지역 천제당 운영과 비교하였을 때 나름의 전통을 잘 계승하고 있음을 보여준다고 볼 수 있다.

그리고 대부분의 마을에서 제수로 올리는 포는 대구포나 명태포인데, 배를 갈라 납작하게 말린 형태로 올린다. 그런데 동호동과 인근의 매동 · 사문동에서 올리는 포는 말린 통명태이다. 이는 다른 지역과 구분되는 점으로서 동호동 천제가 지닌 나름의 특징을 나타낸다기보다는 매동 · 동호동 · 사문동으로 이어지는 마을의 전통을 보여주는 사례로 볼 수 있다.

현재 동호동 천제에서 모시는 신령은 천신 · 토지신 · 여역신이다. 원래 천신을 모신 마을 천제에 동호동에 속한 모든 마을 주민들이 참여하여 천제를 지낸 후 개별 마을에서 성황신 · 토지신 · 여역신을 모셨다고 여겨진다. 이후 동호동에 속한 마을들의 제의가 통합됨에 따라 동호동 전체를 관장하였던 천제와 개별 마을제가 합사되면서 천신 · 토지신 · 여역신을 모시는 현재의 동호동 천제로 변동된 것으로 보인다.

과거에 국가 단위나 지역 단위로 치제(致祭)되던 제당이 시대의 변화에 따라 단위 마을 제당으로 운영되어 해당 마을 주민들만을 위한 제당으로 그 위상이 격하된 예가 매우 많다. 동호동 천제단에서의 천제 또한 동호동에 속한 모든 마을들을 아우르는 상당으로서의 격을 지닌 제당에서 현재는 동호동 주민들을 위한 유일한 제당으로 변동되어 동호동 마을에 들어오는 모든 액을 막아 주고, 마을의 평안과 주민들의 건강과 복을 기원해 주는 종교적 역할을 하고 있다는 것은 다른 지역에서의 마을 천제의 위상 변화와 유사한 변동 양상으로 볼 수 있다.

2) 강원도 태백시 함백산 절골 천제[42]

(1) 마을 소개

함백산은 강원도 태백시 소도동과 정선군 고한읍에 걸쳐 있는 높이 1,573m의 산이다. 태백산맥의 줄기인 중앙산맥에 속하는 산으로 북쪽에 대덕산(大德山, 1,307m), 서쪽에 백운산(白雲山, 1,426m)과 매봉산(梅峰山, 1,268m), 서남쪽에 장산(壯山, 1,409m), 남쪽에 태백산(1,547m), 동쪽에 연화산(蓮花山, 1,171m)과 백병산(白屛山, 1,259m) 등이 솟아 있다.

함백산은 조선 시대 기록에 의하면 함박산(咸朴山)·대박산(大朴山), 함박산(函朴山)으로도 불리었고,[43] 『조선지지자료(朝鮮地誌資料)』(江原道)에서

---

42 김도현, 「태백시 咸白山 절골 天祭堂 운영 양상과 그 성격」, 『강원문화연구』, 강원대 강원문화연구소, 2009.

43 『仁祖實錄』 26년 11월 30일. 〈…북쪽에는 咸朴山이 있고 동남쪽에는 蓮花峯을 대하고 있으며, 북쪽을 따라 조금 멀리 가면 절이 있는데 …〉
許穆, 『陟州誌』 下卷 (상백본), 1662, 長生里條. 〈…大朴山在太白東 有上下本寂深寂妙寂 隱寂 其大木多 蔓生栢 五葉松…〉
金正浩, 『大東地志』 卷十六, 1864, 三陟, 山水條. 〈大朴山 西九十里〉
정선군수로 부임하여 1887년 3월부터 1888년 8월까지 1년 5개월간에 걸친 일기자료를

는 상함백산(上咸白山)으로 표기되어 있다.[44] 허목(許穆)의 『미수기언(眉叟記言)』에 "… 태백산(太白山)은 신라(新羅) 때 북악(北岳)인데, 문수(文殊) · 대박(大朴)의 두 봉우리가 있다. …"라는 기록과 정선군 고한읍에 있는 정암사(淨岩寺) 일주문(一柱門)의 편액(編額)이 〈태백산(太白山) 정암사(淨岩寺)〉로 되어 있는 것으로 보아 '함백산(咸白山)이 태백산(太白山)의 한 봉우리다.' 라는 인식이 폭넓게 퍼져 있음을 알 수 있다.[45]

함백산 서쪽의 고한읍 지역에는 사북광업소를 비롯하여 정동광업소 · 세원광업소 · 삼척탄좌 · 정암광업소 · 삼덕탄광 및 서진탄광 등이 개발되어 있다. 추전역은 남한에서 해발고도가 가장 높은 곳에 위치한 철도역으로 알려져 있다.

서북쪽 산록에는 신라 선덕여왕 때에 자장(慈藏)이 당나라에서 사리를 가지고 귀국하여 건립한 절로 알려져 있는 정암사가 있다. 태백시 쪽 사면으로는 절골이 있다. 절골에서 큰골의 안충터에 이르기 전에 왼쪽으로 갈라져 함백산 방향으로 쭉 뻗은 골짜기 안쪽으로 상심적(上深寂) · 중심적(中深寂) · 하심적(下深寂)이라 불리는 암자가 있었다고 전하는데, 심적암(深寂庵)이라고도 함] 터 입구에는 넓이 160cm, 높이 110cm, 중심적(妙寂庵이라고도 함) 터 입구에는 너비 120cm, 높이 60cm의 돌탑이 있다. 등산객들이 자주

남긴 오횡묵 군수의 저서인 『旌善叢瑣錄』에는 〈…上函朴山 아래에는 深寂庵이 있어 주지승은 亘諲 · 奉珠이고, 中函朴 아래에는 祖殿庵이 있으며, 下函朴 아래에는 두 암자가 있는데 이름은 잊어버렸고…」라는 내용이 있는 것으로 보아 함백산의 주봉을 당시에는 上函朴山이라고도 불렀음을 알 수 있고, 『仁祖實錄』과 許穆의 『陟州誌』에 언급된 '深寂'이라는 寺名이 19세기 후반에도 이 지역에서 계속 사용되고 있었음을 알 수 있다. (吳宏默, 『旌善叢瑣錄』戊子年 五月 八日條.)

44 『朝鮮地誌資料』(江原道), 1910~1911, 三陟 上長面條.

45 김강산, 『太白의 地名 由來』, 태백문화원, 1989, 71~72쪽.

왕래하는 곳이 아니고, 각종 기록에서 이 골짜기에 절이 있었다고 하는 것으로 보아 절 입구에 돌탑을 쌓아 성역임을 알리고, 잡귀의 출입을 금지하는 신장(神將) 격으로 만든 것으로 보인다.[46]

그리고 상심적[隱寂庵이라고도 함]과 중심적 터 사이 작은 고갯마루에는 너비 190cm, 높이 120cm의 돌탑이 있다. 고갯마루라고 표현하는 것이 조금은 과장된 느낌이 들지만, 강원도의 많은 고갯길에서 보이는 국수댕이·국수당목이·국수당이라 불리는 곳에서 볼 수 있는 돌탑과 유사하고, 돌탑 위에 머릿돌이 얹혀 있는 것으로 보아 돌 서낭당의 역할을 일부 하였다고 추측할 수 있다.[47]

절골에서 남쪽 방향으로 향하는 번지골(수목원 모텔이나 최씨 사당 쪽)에서 서학골의 쓰레기 투기장이 있었던 방향으로 가는 고개 길목을 국수당목이라 한다. 이 고갯길을 지나가는 사람들이 돌을 하나씩 던져 놓아 고갯마루

---

46 돌탑은 태백산의 돌탑과 같은 累石祭壇, 몽골의 obo와 동류인 길가나 고개 마루의 돌서낭당, 마을의 번창과 三災를 막아준다는 造山, 절 입구에 세워 성역임을 알리고 잡귀의 출입을 금한다는 神將格이면서 예배의 대상으로서의 寺塔, 부락제의 대상이 되는 마을의 守護神格 등 다양한 기능을 지닌 민속상의 神聖體이다.
  손진태, 「朝鮮의 累石壇과 蒙古의 鄂博에 就하여」, 『朝鮮民族 文化의 研究』, 을유문화사, 1948, 159~181쪽.
  이필영, 「충남 금산의 탑신앙 연구」, 『백제문화』 21집, 충남대 백제문화 연구소, 1989.
  신종원, 「철원 심원사 石臺庵의 累石臺에 대하여 : 韓國 異型石塔의 한 類型」 『역사 민속학』 제 2집, 한국역사민속학회, 1992, 91~106쪽.
  김의숙, 「강원도의 돌탑과 祭儀」, 『강원도 민속 문화론』, 집문당, 1995, 325쪽.
  강성복, 「한국 탑신앙의 문화권역과 전승양상」, 『8월 심포지움 (공동체 지역문화와 문화권역) 발표자료집』, 역사문화학회, 2009년 8월.
47 안○○ 님에 따르면 이것을 돌탑이라 부른다고 하였으며, 8부 능선에 해당하는 위치이고, 인적이 끊어진지 오랜 길이어서 등산객들이 인위적으로 쌓았다고 볼 수도 없어서 이와 같이 표현하였다.

에 돌탑이 형성되어 있다. 주민들에 따르면 과거에 서학골 쪽으로 난방용 나무를 하러 다녔는데, 나뭇짐을 지고 오다가 이곳 고갯마루에서 쉬어 갔다고 한다. 예전에는 1m 정도의 높이였는데 지금은 붕괴되어 매우 낮아진 상태로 너비 약 150cm의 돌무지 형태로 놓여 있다. 돌탑에서 10원짜리 동전 2개(1987년, 1989년 발행)가 발견되었고, 주변 나뭇가지에 소주병이 걸려 있다는 점, 할머니나 할아버지들이 지나가면서 돌을 던지고 침을 뱉는 것을 목격했다는 것으로 보아 최소 1989년까지는 민간신앙의 대상물로서 존재하였음을 알 수 있다.[48]

또한 함백산 자락에서 함백산 산신령을 모시는 곳은 절골 이외에도 상장동 서학골[棲鶴谷] 산신당과 성황당이 있다. 태백시 상장동 7통 중간 마을에 있는 제당으로서 전에는 물황철나무가 있어 신목(神木)의 역할을 하였으나, 1960년대 사라호 태풍으로 쓰러져 지금은 군더터라 불리는 곳의 계곡 건너편 바위 앞에 제단을 설치하여 제를 올린다. 성황의 신체로 뾰족한 바위를 세워 종이 예단을 입힌 후 금줄(새끼줄)을 둘러 놓았다. 언제 이 당(堂)이 설치되었는지는 알 수 없으나, 원주민들에 따르면 선대 조상 때도 있었던 성황당이라는 것으로 보아 최소 100여 년 전에 설치된 것으로 보인다.[49]

산신당에서는 함백산 산신령님을 모시고, 성황당에서는 함백산 산신령·성황신·수부신을 모신다고 하였다. 정월달에 날을 받아서 제를 지내고, 서학골에 있는 대부분의 마을에서 참여하였는데,[50] 지금은 당(堂)이 있

48 안○○ 님 진술.
49 서학골 중간 마을에 상주를 본관으로 한 周氏들이 많이 살았는데, 이들은 조상들이 고려 때 이곳으로 왔다고 하였다. (주○○ 님의 진술)
50 참여한 마을은 고목이, 활목이, 안반뎅이, 중간 마을, 서학골 입구 주민들이었다고 한다.

는 마을에서도 주민들이 대부분 떠나고, 많은 사람들이 인근의 교회나 성당에 다녀서 박○○ 님 혼자 근근히 명맥을 유지하고 있다.

그리고 함백산 절골에는 개인 치성을 드리러 오는 사람들도 많다. 주로 삼수동, 황연동 사람들이 절골에서 개인 치성을 드리는데, 우환이 있으면 목욕재계한 후 깨끗한 옷을 입고 깨끗한 쌀을 준비하여 천제당에 가서 밥을 하여 치성을 드린다. 이때 밥은 '새옹'이라는 작은 놋쇠 솥에 지어 올리고, 과일과 포를 제단에 올린다.

황지동 토박이들은 4월 초파일에 치성을 드리러 많이 간다. 이들은 개인적으로 쌀과 과일, 솥을 가지고 천제당에 가서 직접 메를 세 그릇 지어 두 그릇을 천제당에 올리고 한 그릇은 절골 입구에 있는 마을 서낭당에 올린다. 이때 메를 짓기 위해 싸리나무나 마른나무 등을 준비해 가고, 전날에 깨끗이 목욕재계하고 새 옷으로 갈아입은 후 가는데, 부부 중에 한 사람만 간다. 개인 치성을 드리는 목적은 1년간 가족의 액운을 물리치고, 복과 건강을 기원하기 위해서이다.[51]

위에서 살펴본 바와 같이 절골과 주변 지역은 불교 유적·천제당과 함께 개인 신앙의 처소로 많은 사람들이 찾아가는 곳이며, 함백산 자락인 서학골에도 함백산 산신을 모시는 마을이 있는 것으로 보아 함백산 자락을 중심으로 천신을 모시는 전통과 함께 함백산 산신을 모시는 전통이 폭넓게 확산되어 있음을 알 수 있다. 이와 함께 함백산 절골 입구에서는 통일신라 하대에

---

51 김영진 님과 임태영 님도 선대부터 가기 시작하여 현재에도 매년 사월 초파일에 천제당에 가서 치성을 드린다고 한다. 전에는 깨끗한 쌀과, 밥을 하는 연료로 싸리나무, 박달나무, 마른나무를 사용하였고, 메는 올린 후 다시 내려 집으로 가져온다고 하였다.

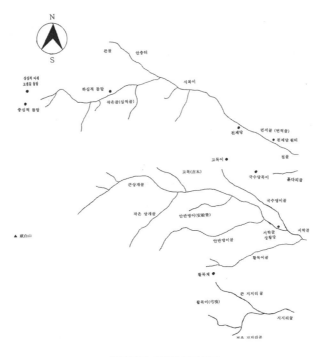

〈사진117〉 함백산 절골 약도

만들어진 것으로 추정되는 본적동사지 석탑재[52]가 발견되었으며, 함백산으로 향하는 골짜기 여러 곳에서 절터가 발견되었고, 조선 시대의 각종 문헌에 절이나 암자가 있었다는 기록이 있는 것으로 보아 고대부터 조선 시대까지 절골을 중심으로 불교가 융성하였으나, 불교가 쇠퇴하면서 마을 제당으로서의 천제당과 개인적 차원에서의 산치성(山致誠)이 광범위하게 행해져서 현재에 이르고 있다.

52 강원문화재연구소, 『本寂寺址 시굴조사보고서』, 강원문화재연구소·태백시, 2003.

〈사진118〉 함백산 절터 천제당 원터 전경

〈사진119〉 함백산 절터 천제당 원터 근경

(2) 제의 개요

함백산 절골 천제당(天祭堂)[53]은 강원도 태백시 삼수동 5통 절골로 들어가는 길의 옆에 있다. 천제당이 처음 건립된 것이 조선 현종 대 전후였다고 전하나[54] 이를 증명할 수 있는 자료가 현재는 없다. 다만 이 지역에서 3대째 살고 있는 김영진 님이 선대 할아버지 때부터 이곳에 천제당이 있었다고 한 증언에 따르면 최소한 100년 이상 된 것으로 볼 수 있다.

원래는 천제당이 절골 입구 철로로부터 약 2.8km 지점의 하천 오른쪽 옆 바위 밑에 작은 건물의 형태로 있었다고 한다.[55] 이후 이곳 옆에 퇴적물이 쌓여 형성된 섬 입구 자락으로 옮겼다. 처음에는 능애집[56]이었으나 1967년 3월 주민들이 루핑집으로 개조하였다고 한다. 당시에는 천제당 주변에 신목(神木)이 우거져 있고, 그 앞으로 맑은 내가 흐르고 있었다고 한다.[57]

이후 1970년대 들어 정부에서 새마을운동을 하면서 각 마을에 있는 각종 마을 제당을 없애는 정책을 취함에 따라 건물이 헐리게 되었다. 건물이 헐렸음에도 불구하고 마을 주민들은 이곳에서 매년 삼월 삼짇날 당제를 거행

---

53 이 天祭堂에 대한 기초 조사는 지난 1967년 문화재 관리국에서 주관하여 장성읍 황지중앙초등학교에 근무하였던 金鍊洙 선생님에 의해 이루어졌다.
    국립민속박물관, 『한국의 마을제당(강원도 편)』, 1997, 526~527쪽.
54 국립민속박물관, 『한국의 마을제당(강원도 편)』, 1997, 527쪽.
55 김영진 님(69세)에 따르면 선대에 이와 같이 있었다고 한다.
56 너와집을 이르는 것으로 지붕을 붉은 소나무 조각으로 덮은 집이다. 강원도에서 느에집 또는 능애집이라고도 한다. 너와는 200년 이상 자란 붉은 소나무 토막을 길이로 세워 놓고 쐐기를 박아 쳐서 잘라낸 널쪽으로, 크기는 일정하지 않으나 가로 20~30cm, 세로 40~60cm이며 두께는 4~5cm이다.
57 국립민속박물관, 『한국의 마을제당(강원도 편)』, 1997, 526~527쪽과 김ㅇ진 님(69세)의 진술.

하였다.[58] 이후 수해로 인해 천제당 자리가 심하게 파손되어, 1995년 5월 21일 마을 대표와 심적사 주지 스님 등 6명이 천제당을 옮겨 짓기 위해 추진위원회를 구성하여, 주민들이 낸 성금과 김ㅇ돈 씨 토지의 사용 승인을 받아 현재의 위치에서 천제당 건립을 위한 공사를 시작하였다. 동년 7월 23일(음력 6월 26일) 현재의 터[59]에 천제당을 완성한 후 이곳에서 제(祭)를 올리게 되었다.[60]

천제당이 원래 있던 자리에는 지금도 개인적인 치성을 올리기 위해 찾아오는 사람들이 있다.

1967년에 조사한 내용을 보면 내부에 제신도(祭神圖)가 둘려 있고, 간단한 제단이 있었으며,[61] 신목(神木)으로 높이 14m, 둘레 3m의 소나무 1본(本)이

---

58 김ㅇ선 님(71세), 박ㅇ이 님(70세), 김ㅇ진 님(69세)의 진술에 의함.

59 원래 자리에서 골짜기 쪽으로 약 550m 올라간 지점임.

60 현재의 天祭堂 건립 과정에 대하여 안덕헌(64세) 님이 관련 서류를 보관하고 있다. 이를 바탕으로 천제당 移建 과정을 구체적으로 살펴보면 다음과 같다.
  • 1995년 5월 21일 심적사 주지스님, 마을 대표 5명이 移建추진위원회 결성.
  • 1995년 5월 26일 손대헌, 안덕헌 씨가 현재의 자리를 답사한 후 땅 주인인 장사장과 김시돈 씨에게서 토지 사용을 허락받은 후 성재수 철학관에서 6월 9일, 18일 날짜를 받아옴.
  • 1995년 6월 9일 절골 모란노인정에서 황지 3동 6, 7통 주민들을 대상으로 천제당 移建에 대한 의견 수렴을 위해 주민회의를 개최했는데, 32명의 주민이 이전 건립에 동의하는 서명을 함.
  • 이후 천제당 건립을 위해 찬조금을 받았는데, 140명의 주민이 십시일반으로 기금을 내었고(2,752,000원, 돼지 1마리), 16명이 콘크리트, 목재를 비롯한 각종 자재와 차량, 식사를 제공하였다. 그리고 주민 20명이 1일에서 최장 10일간 공사 현장에서 인력을 제공하였다.
  • 1995년 7월 23일(음력 6월 26일) 午時에 준공식을 하였는데, 찬조금으로 728,000원을 받았다.

61 이에 대하여 김ㅇ선 님(71세), 박ㅇ이 님(70세)의 진술에서도 원래 자리에 있던 제당에는 호랑이에 앉아있는 신선을 그린 산신도가 있었고, 외벽이 합판으로 되어 있었다고 하였다.

있었다고 한다. 이때도 당 이름은 천제당이었다.

현재 위치에 있는 천제당은 슬레이트 맞배지붕으로 된 건물로서 가로 395cm, 세로 336cm, 높이 330cm의 한 칸으로 된 제당이다. 제당 내부에는 콘크리트로 만든 제단이 있고, 제단 정면에 '상천 신위(上天 神位)', '함백산신 령위(咸白山神靈位)'라 적힌 신위와 각각의 신위 오른쪽에 명주실과 한지를 걸어 두었다. 출입문은 이중 구조로서 외문(外門)은 쌍여닫이 나무문이고, 내문(內門)은 쌍미닫이 창호문이다.

제당은 북동쪽을 향해 있으며, 오른쪽에 천제당을 건립할 때 함께 세운 장승(천하대장군, 지하여장군)이 있고, 사방으로 금줄을 둘러 놓았다. 제당 앞 에는 절골로 들어가는 도로가 있으며, 도로 건너편에 계곡물이 흐른다. 그 리고 천제당 왼쪽 산기슭 쪽으로 가건물로 만든 개인 기도처가 있고, 올라 가는 나무에 예단으로 한지를 명주실로 묶어 두었다.

천제당에서 모시는 신은 천신(天神)과 함백산 신령(咸白山 神靈)인데, 태백 지역에서 천신을 모시는 예는 그리 많지 않다.[62]

그리고 이 천제당의 창건과 관련하여 다음과 같은 전설이 전한다.[63]

---

62 태백지역에서 天神을 모시는 예는 장성동의 백산리에서 天祭堂을 건립하여 蓮花山 신 령과 天神을 모시고 있고, 태백산 天王堂에서 하늘에 제사를 지내고 있다. 이곳 황지 3 동 절골 입구의 천제당에서 天神을 모신 경위에 대하여 알고 있는 사람은 없었다. 그리 고 咸白山 神靈을 모시는 곳은 소도동의 소롯골 서낭당과 어평 서낭당, 함백산 서낭당, 서학골에 있는 산신당, 삼수동 절골 입구에 있는 서낭당 등이다. 함백산 자락에 있는 마 을에서 주로 함백산 산신령을 모시고 있음을 알 수 있다.
관동대 박물관 외, 『太白市의 歷史와 文化遺蹟』, 관동대박물관·태백시, 1997, 262쪽.
임동권 외 2인 공저, 『태백산 민속지』, 민속원, 1997, 45~53쪽; 112쪽.
63 국립민속박물관, 『한국의 마을제당(강원도 편)』, 1997, 527쪽.

〈사진120〉 함백산 절터 천제당 전경

〈사진121〉 함백산 절터 천제당 근경

신라(新羅) 문무왕 시(文武王 時) 서력기원(西曆紀元) 670년대(1300년 전)에 지금의 사곡동(寺谷洞) 유곡(幽谷)에 윤필(尹必) 거사(居士)가 입산수도(入山修道)하였고 [기거소(其居所)를 상심적(上深寂)이라 함] 다음 원효대사(元曉大師)께서 대각(大覺)을 얻었다 하여 의상조사(義湘祖師) 역시 이곳에서 도통(道通)하였던바 당시 그 자리에 심적사(深寂寺)가 있었으니 현재도 그 흔적(痕迹)이 희미하나마 남아 있어 제정일치(祭政一致) 시대(時代)의 유물로서 전해 오며 그 본당사지(本堂寺趾)에 천제당(天祭堂)을 이룩함.

이곳이 절골이고 계곡 아래쪽에 신라 탑으로 추정되는 탑재가 발견된 본적사지(本寂寺址)가 있으며, 계곡 안쪽으로 은적(隱寂)·묘적(妙寂)·심적(深寂)이 있었다는 『조선왕조실록(朝鮮王朝實錄)』과 『척주지(陟州誌)』(許穆)의 기록으로 보아 위의 전설은 마을 신앙의 처소를 불교에 가탁하려 한 전설이라 볼 수 있다.

당제(堂祭)는 음력 3월 3일 오전 10시경에 지내고[64], 제관은 생기복덕을 보고 부정이 없는 사람으로 한다.[65] 2003년 당제에서는 이만생이 초헌관, 이운호가 아헌관 ○○○가 종헌관, 김영진이 축관을 하였고, 제수 준비는 통장인 안덕헌이 하였다.

삼수동 5, 6통 주민들이 200여 가구인데, 이 중에서 제(祭)를 지내는 데 참여하는 가구는 100여 명으로서 통장들이 제사 비용을 가가호호 방문하여

---

64 『한국의 마을제당(강원도 편)』에는 삼월 삼진날 午時에 지내는 것으로 기록되어 있다. 그리고 이 지역에서 삼월 삼진날에 지내는 예가 많지 않는데, 삼척지역에서는 도계읍 발리리(산신당), 삼척읍 도경1리2반(천제당), 원덕면 풍곡3리(성황당)에서 이날 지낸다.

65 『한국의 마을제당(강원도 편)』의 기록에는 祭官으로 초헌, 아헌, 종헌, 제주를 년령과 상합하여 깨끗한 남자로 선발한다고 하였다.

〈사진122〉 함백산 절터 천제당 편액

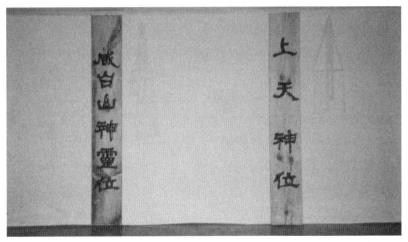

〈사진123〉 함백산 절터 천제당 내 신위(神位)

걷는다. 보통 자발적으로 성의껏 내는데 매년 약 100만 원 정도 걷힌다. 이 자금은 전부 제수 준비와 제의가 끝난 후 거행되는 마을 잔치에 사용된다. 2003년 삼월 삼짇날 고사에서는 제사 비용이 약 120만 원 걷혀서 운영되었다.[66]

제수 준비는 통장들이 하는데, 2003년에는 안덕헌 통장님 댁에서 모든 것을 준비하였다. 1967년에 준비한 제수는 술·흰떡·흰밥·돈육·과실이었는데, 요즘에는 술(양조장에 주문)·메 2그릇[67]·소머리·대구포·과일·삼색 나물·탕·백설기[68]를 준비하여 올린다. 전에는 소머리 대신 소간이나 돼지고기를 쓰기도 하였다고 한다. 특별히 금기하는 음식은 없으나 개고기와 끝에 '치' 자가 들어가는 생선은 사용하지 않는다고 한다. 그리고 제물은 모두 조리하여 제상에 올리는데, 제기는 마을 공동 제기를 사용한다.

제의 절차는 다음과 같다.

제를 지내기 약 7일에서 10일 전에 도갓집과 천제당을 청소하고, 금줄을 쳐서 일반인들의 출입을 금한다. 2일 전에는 통장님들이 중심이 되어 걸립된 기금으로 제수를 마련한다. 이때 상갓집에 다녀왔거나, 개고기를 먹은 사람은 도가가 될 수 없고, 도갓집이나 제당에 접근해서는 안 된다.

삼월 삼짇날 오전 9~10시 사이에 제의를 거행하는데, 전에는 부정풀이를 하였으나 지금은 하지 않는다. 먼저 한지와 명주실을 제단 위에 각 위패별로 오른쪽에 걸고, 제수를 진설한다. 이때 제수는 메와 술잔을 제외하고

---

66 『한국의 마을제당(강원도 편)』의 기록에는 주민 500여 명 정도가 堂祭에 참여하였는데, 이들이 십시일반으로 돈을 내어 총 1만 원에서 2만 원 정도의 祭費로 祭需를 준비하였다고 한다.

67 3년 전까지 天神, 咸白山神, 수부지신을 위해 메 3그릇을 준비하였다고 함.

68 쌀 40되를 하는데, 시루째 제단에 올린다고 함.

는 한 상만 차린다. 순서는 '초헌 → 독축 → 아헌 → 종헌 → 소지(燒紙) → 음복' 순인데 일반적인 서낭고사(유교식) 방법과 유사하다. 전에는 공식적인 제의가 끝난 후 개인적으로 잔을 올렸으나, 지금은 통장님이나 참여한 개인이 제사 비용 납부자를 위해 건강과 가정 화목, 경제적 번성을 기원하며 소지를 올려 준다.

전에는 여자와 상가에 다녀온 사람이나 개고기를 먹는 등의 부정이 없는 남자들은 희망자 전원이 제의에 참여하였으나, 지금은 마을 사람들 대부분이 마을 공동 회관에 모여 마을 잔치를 준비하고, 제관과 통장들만 제의에 참여한다.

당제가 끝난 후 결산을 하고, 진설된 음식을 모두 거두어 마을회관에서 미리 준비한 술과 안주, 음료로 마을 잔치를 연다.

축문은 한국전쟁 이전에 제작한 것을 지금까지 그대로 사용하고 있다. 그 내용은 1년간 가정과 개인의 평안, 하늘로부터 오는 재액의 소멸, 건강, 농업 풍요 등을 기원하는 내용으로 되어 있는데, 원문은 다음과 같다.

維
歲次 ○○年 三月 朔初三日 獻官
○○○
敢昭告于

上天神位
山神靈神位

鎭玆一方 千有餘歲 旣明且靈

祈無不應 告有必知 當此新春

惟我衆民 齊聲仰祝 一年安泰

天災皆消 百福竝至 玆涓吉日

敢薦牲幣 伏惟

尊靈

勿咎菲誠 降且神靈 三農登豊

六畜繁殖 厲鬼惡獸 匪徒雜類

不入境內 前惠數多 敢望新德

格事斯欽事　　尙

饗

(3) 함백산 절골 천제의 성격

　함백산 절골 천제당의 성격을 규명하기에 앞서 강원도 영동 남부 지역에
서 마을 단위로 지내는 천제에 대하여 먼저 소개한 후, 이를 바탕으로 함백
산 절골 천제당의 성격을 위치 · 형태 · 모시는 신령 · 제사 날짜와 · 기능을
중심으로 그 성격을 정리하면 다음과 같다.

　이 지역에서 천제는 그 기능과 마을 내 다른 신령과의 관계에 따라 다양
한 형태로 전승되고 있다. 구체적으로 살펴보면 상당으로서의 사례, 천신을
다른 신령들과 같이 모시면서 마을 신앙의 처소로 기능하는 사례, 산신령
과 함께 모신 사례, 비일상적으로 기우를 위해 천제를 지내는 사례, 태백산
에서 천제를 지내기에는 여건이 좋지 않아 천제단을 마을 내에 만들어 망제

형태의 천제를 지내는 사례, 거리고사에서 상당신으로 모시는 사례 등 다양한 형태로 전승되고 있음을 알 수 있다.

함백산 절골 천제당은 천신(天神)을 산신(山神)과 함께 모신 유형[69]으로 볼 수 있다. 이에 속하는 사례를 소개하면, 삼척시 도계읍 점리에서는 천신(天神)과 함께 '산신(山神)·지신(地神)'을 모시며, 태백시 백산동 번지당골 천제당에서는 '연화산(蓮花山) 신령(神靈)'을 함께 모시고 있다.

함백산 절골 천제당을 좀 더 구체적으로 분석하기 위해 위치·제당 형태·모시는 신격(神格)·제일(祭日)·제물(祭物)과 그 기능을 중심으로 살펴보면 다음과 같다.

첫째, 이 지역 천제당의 위치를 중심으로 분류하면, 태백산 천제단의 영향으로 태백산 줄기가 끝나는 능선의 아래쪽에 위치한 것, 하천 옆이나 하천 중간에 형성된 섬 내부에 위치한 것, 산 중턱쯤에 계곡물이 Y자로 만나는 곳 내부에 위치한 것, 산 중턱에 위치하여 마을을 내려다보는 곳에 위치한 것, 산 정상부나 그 아래에 위치한 것 등의 5가지로 구분할 수 있다.

이 중 함백산 절골 천제당은 하천 옆이나 하천 중간에 형성된 섬 내부에 위치한 유형이다. 이 유형에 해당하는 것은 삼척시 원당동 천제단, 노곡면 하월산리 천제단, 가곡면 동활리 천제단, 가곡면 풍곡리 덕품 천제단, 태백시 삼수동 절골 천제당 등이다.

이 유형에 속하는 천제당에서는 마을 제당으로서 마을의 안녕과 번영을 위해 매년 정기적으로 제사를 지내기도 하지만, 대체로 기우제당으로서의 역할이 크기에 가뭄이 심하게 들면 기우를 위한 천제가 비정기적으로 열리

---

69 이들 마을에서 함께 모셔지는 신령은 주로 제당이 위치한 主山의 山神靈을 天神과 함께 모시고 있다.

는 곳이 많다.

둘째, 천제당의 형태는 일반적으로 산 능선에 돌담이나 흙담을 두른 형태, 당집 형태, 하천 옆에 임시 제단을 설치한 형태로 구분할 수 있다.

이 중 함백산 절골 천제당은 당집 형태이다. 천제단은 하늘과 통하기에 지붕이 있는 제당은 없다는 주장도 있으나, 실제 현지에서의 사례를 조사해 보면 당집 형태를 띤 곳도 발견할 수 있다. 삼척시 남양동 천제당, 태백시 통동 시룽산 천제당, 백산동 번지당골 천제당, 삼수동 절골 천제당 등은 당집 형태로 세워져 있다. 대부분의 천제당은 지붕이 없는 형태인데, 위에서 소개한 당집 형태의 천제당 또한 당집을 짓기 전에는 돌담을 두른 형태였다.

현재 당집 형태의 천제당은 대부분 마을의 상당이거나 중심 제당으로서 매년 제사를 지내는 곳이다.

셋째, 하늘과 맞닿아 있는 산은 하늘을 대리하는 상징으로 여겨졌기에 산신(山神)을 소우주화된 천신(天神)으로 간주하여 천신과 산신을 동일 선상에 있는 것으로 이해하기도 한다.[70] 그러나 이 지역의 천제당에서는 일반적으로 천신(天神)과 다른 신령을 함께 모셔 천제를 지내는 예도 있다. 이를 구별해 보면 천신만 모시는 예, 천신과 산신을 함께 모시는 예, 천신과 기타 여러 신을 함께 모시는 예로 나눌 수 있다.

이 중 함백산 절골 천제당은 천신과 산신을 함께 모시는 유형으로 볼 수 있다. 이와 같은 사례는 도계읍 점리, 태백시 삼수동 절골, 태백시 백산동 번지당골 천제당에서 발견할 수 있다. 이들 마을에서는 주로 제당이 위치한 주산(主山)의 산신령(山神靈)을 천신과 함께 모시고 있다. 이들 제당에서는 1

---

70 이필영, 『마을 신앙으로 보는 우리 문화 이야기』, 웅진닷컴, 2001, 30쪽.

년 또는 그 이상의 주기를 설정하여 정기적으로 제사를 지내는 경우가 대부분이다.

함백산 절골 천제당 제의에서 올리는 축문을 보면 천신에게 먼저 고한 후 산신에게 고하는 축문의 형태임을 알 수 있다. 즉, 천신에게는 1년간 평안과 하늘로부터 오는 재액의 소멸과 복을 기원하며, 함백산 신령에게는 풍년과 육축(六畜) 번식(繁殖), 그리고 각종 잡귀와 도적 등이 마을에 들어오지 못하게 해 달라는 등의 구체적인 기원을 하고 있다. 이것으로 보아 마을에서 천신을 최고의 신으로 여겨 마을 단위를 관장하는 신령이 지닌 능력을 넘어서는 요소들을 기원하고 있으며, 함백산 산신령은 그 하위의 신령으로 여겨 이 지역의 많은 마을에서 모시는 토지신·여역신 등에게 기원하는 요소들이 이루어지길 염원한다는 것을 알 수 있다.

이와 유사한 사례로 태백시 소도동 소롯골에 있는 함백산 성황당을 들 수 있다. 이 제당에서 모시는 신령은 주인이 '단군'이고 부주인이 '단종'이라고 한다. 여기서 '단군'은 천신으로 볼 수 있으며, '단종'은 태백산 산신으로 볼 수 있다. 그리고 한 제당 내에 천신을 산신과 함께 모신 사례는 아니지만 마을 내에서 천신과 산신을 위한 별도의 제당들을 만들어 모시는 사례는 전남 신안군 도초면 지남리 지북마을에서도 확인할 수 있다.[71]

그러므로 함백산 절골 천제당에서는 상위신으로 천신을 모시고, 함백산 신령에게는 마을 주민들의 구체적인 염원을 기원함을 알 수 있다. 이는 동

---

71 이 마을에서는 洞祭를 天祭라 부르며, 마을에서 제사를 모시는 곳은 4곳(상당·중당·하당·거릿제)이다. 이 중 日月星辰에 제사지내는 곳이 상당이고, 중당은 산신에게 제사지내는 제당이라 한다.
나경수, 「지남리 지북마을의 민속」, 『전남민속연구(신안군 도초면지역 민속종합조사보고)』 창간호, 전남민속학연구회, 1991, 17~22쪽.

해시 동호동 천제단에서 천신과 함께 토지신과 여역신을 모시며, 삼척시 남양동 천제당에서 천신과 함께 성황신을 모시는 등의 사례와 비교하였을 때, 산간 지방에 있는 천제당에서는 대부분 산신을 천신과 함께 모시는 데 비해 농촌이나 도심에 있는 마을에서는 '성황신 또는 토지신 또는 토지신 · 여역신' 등을 모셔서 마을 주민들이 당면한 구체적인 염원들이 성사되길 기원한다는 것을 알 수 있다.

넷째, 천제당에서의 제일(祭日)은 정기적으로 이루어지는 의례와 비정기적으로 이루어지는 의례로 구분할 수 있다. 여기서 비정기적으로 이루어지는 의례는 대부분 가뭄이 들었을 때 행하는 기우 의례가 대부분이다. 따라서 이들 의례는 비록 비정기적이고, 늘 새로운 날을 받아서 지내는 것이지만 대체적으로 4월 말에서 5월 초 사이에 날을 받아 천제를 지낸다. 매년 또는 수년을 주기로 천제를 지내는 제당에서도 날을 받아서 지내는 예가 많다.

삼척 시내에 있는 남양동 천제당, 갈야산 천제당, 마달동 천고사 등 대부분의 제당에서는 1월 1일(음)에 천제를 지낸다. 근덕면 초곡리와 원덕읍 월천리 등 해안 마을에서는 주로 1월 15일에 천제를 지내며, 도계 지역에 있는 무건리에서는 3월 3일에, 심포리와 한내리에서는 4월 중에 택일하여 지낸다. 함백산 절골 천제당에서는 3월 3일에 지내는 데 비해 인근에 있는 서학골 중간마을에서는 정월에 날을 정하여 지낸다.

이것으로 보아 제일(祭日)은 지역 여건과 마을 내 다른 제당의 제일(祭日)과 밀접하게 관련되어 날짜가 정해져 지내는 것으로 볼 수 있다.

다섯째, 함백산 절골 천제당에서 2000년까지 수부신을 함께 모셨다고 한다.

수부신이 서낭님을 모시고 다니는 하위 신이라고 여기는 마을들이 많다. 노곡면 하월산리에서 서낭고사를 지낼 때 서낭님 메 한 그릇, 서낭님 모시고 다니는 수배 메 한 그릇을 다른 제수들과 함께 올린다. 이 마을에서 인식하는 '수배'는 이 마을에 옛날부터 살아 내려오는 인간의 귀신으로 서낭님을 잘 모시고 위하던 분들을 초들어서 모시는데, 옛날부터 서낭님을 잘 모시던 사람이 수배 노릇을 한다고 여긴다.

4. 기우 또는 역질 구축을 위해 지내는 천제

1) 충청북도 진천군 금한동 천제[72]

(1) 금한동의 자연·인문 환경

금곡리(琴谷里)에 속한 '금한(琴閑)' 또는 '금한이(琴閑-)' 마을은 '서원말[水門]' 동쪽, '대바위[大巖]' 서남쪽에 위치한다. 마을 뒤쪽은 천제를 올리는 산을 등지고, 앞에는 '옥천(草坪川)'에 닿아 있는 전형적인 배산임수의 지세이면서, 좌청룡 우백호가 뚜렷한 길지이다.

금한이(琴閑-)에 속한 마을은 가장 큰 마을인 '금곡(金谷)'과 함께 윗말, 아랫말, 벌테, 새터로 구성되어 있다. 구체적으로 하위 마을의 위치를 소개하면, 마을 동쪽에는 '윗말'과, 서쪽의에는 '아랫말', 앞에는 '벌테'라 불린 마을이 있었다. 그러나 '벌테'라 불린 마을은 들로 변해 마을의 흔적을 찾을 수 없다. 그리고 '복고개'[73] 위쪽에 '새터'라 불린 마을이 있었으나, 이 마을 또한

---

72 김도현, 「진천 금한동 천제의 구조와 성격」, 『종교학연구』 제33호, 한국종교학연구회, 2015, 27~50쪽.
73 '복고개'는 '서원말'에서 '금한이' 쪽으로 가는 작고 가파른 고개이다. '보(洑)'와 '고개' 사

현재 벼농사를 짓는 들판으로 변모하였다. '새터'는 '새로 조성된 터'라는 뜻인데, '신기(新基)'라는 한자어가 대응되어 있다. 이곳 '새터'에는 '대장간'과 '주막집'이 있었다고 한다.[74]

마을의 인문 환경을 소개하면, 본관이 광산인 김종길[75]이 청안현 회룡골에서 진천군 초평면 금곡리 금한동으로 이주하면서 광산 김씨들이 이곳에 정착하는 계기가 되었고, 마을을 구성하는 주민들 중 광산 김씨 후손들이 많다.[76] 이에 광산 김씨들이 주로 집단으로 거주하는 동족 마을의 특징이 어느 정도 있다. 축문에 의하면, 마을은 북쪽으로 갈령(갈티고개)을 끌어안고, 남쪽으로는 큰 언덕인 용강을 두었다고 하였다. 축문을 작성할 당시에는 90여 호가 살았다고 한다.

과거에 금한동의 생업 활동은 넓은 들에 의거하여 벼농사, 삼베, 누에치기, 담배 재배, 소 키우기, 즉 논밭 작물 재배와 담배 재배 등을 중심으로 이루어졌다.

현재 마을에서 보관하는 문서는 기유(己酉, 1909년)에 등초한 홀기와 진설도, 고축문 원본, 동계 문서, 천제사 봉행 문서 등이다. 현재 전하는 축문과 홀기는 금한동으로 처음 이주한 김종길의 증손자인 김진광이 지었다고 구

이에 사이시옷이 개재된 '봇고개'의 자음 동화 형태로, '보가 있는 고개'의 뜻이다.

74 '금한이(琴閑-)' 지명 관련 내용은 다음 자료를 참고하여 정리한 것이다.
조항범, 「'琴閑里' 소재 地名의 어원과 유래에 대하여」, 『제2차 금한동 천제 세미나 자료집』, 대한민국 천제 문화학회, 2014, 29~30쪽; 조항범, 『진천군 지명 유래』, 충북대 중원 문화연구소·진천군, 2008.
75 60세에 진사를 하여 절충장군첨지중추부사를 역임하였다고 전해지는 인물로서, 금한동 마을을 개창하였다고 전함.
76 김용기, 「300여 년 이어왔던 금한동 天祭」, 『상산문화』 13호, 진천상산고적회, 2007, 21~23쪽.

전으로 전한다. 이를 증명하는 것이 시향 홀기인데, 이를 통하여 금한동에서 천제가 거행된 것이 300여 년 이상 된 것으로 추정하고 있다.

(2) 금한동 천제 개요

진천군 초평면 금곡리 악세봉 산 중턱에 조성된 천제단에서 매년 마을의 평안을 기원하기 위해 천신을 모시는 천제를 지내는데, 이를 금한동 천신제, 금한이 천제라고도 부른다. 300여 년 전부터 마을 고유의 의식으로 매년 정월 대보름 전에 봉행했던 금한동 천제는 주민들이 고령화되어 매년 정초에 천제를 지내기 어렵고, 민간신앙에 대한 사회의식이 변화됨에 따라 1992년 이후 명맥이 끊겼다가 17년 만인 2009년에 재현하여 오늘에 이르고 있다.

금한동 천제단 현황을 먼저 살펴본 후 제의 양상을 간단하게 정리하면 다음과 같다.

금한동 주위에서 가장 높은 봉우리는 억새봉(진천군 관내가 다 보인다고 함)이나, 실제 금한동을 굽어볼 수 있는 가장 높은 곳은 천제단이 있는 곳이다. 이곳은 주봉 아래 산 중턱 정도에 해당하는데, 길게 뻗은 산 능선에 천제단이 있고, 여기서 금한동 마을 전체를 굽어볼 수 있다고 한다.[77]

천제단의 공간 구성은 천제단·초막·술 단지 묻는 곳으로 구성되어 있다. 천제단은 2단 정도의 타원형 석축을 두르고, 그 내부에 나무를 엮어 설치하였다. 제단 외곽에 둘린 2단 석축의 규모는 가로 9.5m, 세로 17m, 높이

---

77 강원도 지역에서 마을 단위 천제를 지내거나, 산메기를 지내는 곳도 이와 유사한 위치적 특징을 지닌다.

〈사진124〉 금한동 천제단 전경(2010년)

〈사진125〉 금한동 천제를 지내기 위해 설치한 초막(2010년)

는 평균 30cm 정도이며, 부근에 산재한 자연석을 이용하여 축조하였다. 천제단이 있는 곳에 예전에는 참나무가 있었는데, 고사하여 현재 참나무로 만든 제단이 설치되어 있다. 제단 높이는 대략 1m 정도이며, 참나무 토막 20개를 칡줄로 엮어서 만들었는데, 매년 보수하여 사용하고 있다.

천제단 아래에는 초막을 임시로 설치한다. 짚으로 만든 원추형 초막은 제주가 전날 올라와서 밤을 새면서 제물을 보관하고, 준비하는 장소로 이용한다. 그리고 술 단지는 천제단 서쪽 능선 아래에 구덩이를 파고 불을 지펴 땅을 데운 후 묻는다.

금한동 천제단과 유사한 제단 형태로는 태백시 백산마을 유적이 있다.[78] 이 유적을 지역에서 봉수라고 하나, 실제 영동 남부 지역 제단 형태와 위치, 금한동 사례 등을 보았을 때 마을 제사를 지낸 제단으로 볼 수 있다. 그리고 태백산 천제단 주위에도 2단 정도의 석축을 쌓은 둘레돌이 크게 둘려 있어 제의 공간의 범위를 보여준다.

일반적으로 천제단의 형태를 구분하면, 삼척시 근덕면 초곡리에서 발견할 수 있는 말발굽형태, 금한동과 태백 백산마을 등에서 볼 수 있는 2~3단 석축을 두른 공간 내에 제단을 마련한 형태, 제당 형태, 제의를 행할 때 가설 제단을 설치하는 형태 등 다양하다.[79] 이 중 금한동 천제단은 제단 주위에 2~3단의 석축을 두른 제단 형태로 볼 수 있다. 그리고 천제단이 위치한 곳은 금한동을 굽어볼 수 있는 가장 높은 곳이다.

78 김도현 외, 『우리가 알아야 할 태백시의 문화유산』, 강원대강원전통문화연구소·태백시, 2011, 83~86쪽.
79 김도현, 「강원도 영동 남부지역 고을 및 마을 신앙」, 고려대학교 박사학위논문, 2009, 119~120쪽.

필자가 강원도 영동 남부 지역 천제당의 위치를 몇 가지 유형으로 분류한
것을 소개하면, 태백산 천제단의 영향으로 태백산 줄기가 끝나는 능선의 아
래쪽에 위치한 유형, 하천 옆이나 하천 중간에 형성된 섬 내부에 위치한 유
형, 산 중턱쯤에 계곡물이 Y자로 만나는 곳 내부에 위치한 유형, 산 중턱에
위치하여 마을을 내려다보는 곳에 위치한 유형, 산 정상부나 그 아래에 위
치한 유형 등의 5가지로 구분할 수 있다.[80]

위의 5가지 유형 중 금한동 천제단은 네 번째 유형인 산 중턱에 위치하여
마을을 내려다 보는 곳에 위치한 유형에 속한다. 이 유형에는 근덕면 초곡리
천제단, 삼척시 갈야산 천제단, 마달동 천사단, 교동 우지마을 서낭당, 신기
면 대평리 천제단, 근덕면 궁촌 2리 선흥마을 천제단, 동해시 동호동 천제단
이 해당한다. 이들 천제단은 대부분 마을 신앙의 전개에서 상당의 역할을 하
거나, 마을 신앙의 처소가 한 곳인 경우 함께 모시는 신령 중 상위에 속하여
최고의 신격을 지닌 신을 모시는 것으로 여겨진다. 이에 매년 천제를 지내
며, 마을 전체의 안녕과 풍요를 기원하는 일반적인 기능을 수행하고 있다.

금한동 천제의 제의 양상은 큰 틀에서 보았을 때, 천제단에서 행하는 천
제와 천제를 지낼 때 마을 주민들 모두가 천제에 동참하는 의미를 지닌 마
중시루로 구성된다. 이는 충청도의 많은 지역에서 볼 수 있는 마을 신앙 구
조인데, 그 차이라면 다른 마을들 대부분은 산신제를 지내며 마중시루를 올
리는데, 금한동에서는 모시는 신령이 천신이어서 천제를 지내며 마중시루
를 올린다는 점이다.

금한동 천제의 세부 진행 과정을 간단하게 정리하면 다음과 같다.

---

80 김도현, 「강원도 영동 남부지역 고을 및 마을 신앙」, 고려대학교 박사학위논문, 2009,
    118~119쪽.

이전에는 매년 정월 대보름 전에 좋은 날을 정하여 3년에 한 번 자시에 천제를 지냈는데, 지금은 매년 음력 10월에 좋은 날을 정하여 낮에 천제를 지낸다. 천제를 지낼 때 제관이 아니더라도 부정이 없는 사람은 모두 동참할 수 있어 필자가 조사한 2010년에는 많은 사람들이 천제단 주위에 모여 천제 진행을 지켜보았다.

제의 전에 날짜를 정하고, 천제 3일 전에 금줄을 치고, 제관을 모셔서 마을 내에 이들이 머무르는 곳을 선정하여 몸과 마음을 정화하게 한다.[81] 이와 함께 제주를 담그고, 제단을 보수하며, 제사 당일 제물을 보관하고 제관들이 대기할 초막을 마련한다. 이와 함께 희생인 수퇘지를 잡는 등 제물을 준비한다.

천제는 홀기에 의해 진행하는데, 천제를 재현하기 전에는 정월 대보름 전에 좋은 날을 받아서 자시(子時)에 지냈기에 천제를 지내며 횃불을 흔들어 마을에 알리면 이를 보고 가정마다 백설기와 정화수를 주로 장독대나 대문 입구에 진설한 후 각 가정별 비손을 하면서 천제에 동참하였다고 한다. 지금은 본부석에 제물을 마련하여 당시의 전통을 대신하고 있다.

원래 천제를 지낸 후 특별한 행사는 없었는데, 지금은 마을 잔치를 한다. 정월 대보름 전에 천제를 지냈을 때는 제사 당일 먼동이 트면 주민 모두가 초막을 해체하고 산에서 제물을 가지고 내려와 70세 이상 노인들께 봉송을 싸서 나누어 드렸다. 그리고 나머지 제물과 술로 음복례(飮福禮)를 하며, 앞으로의 마을 일들을 상의하기도 하고 지난 일을 되돌아보기도 하였다.[82]

---

81 예전에 제를 지내는 과정에서 제관들이 인적이 드문 집에 머무르며 천제를 준비하게 하였는데, 이 때 제관들은 미역 줄기와 소금을 찬으로 식사를 하였다고 한다.
82 금한동 천제에 올린 제물과 진설, 세부적인 진행과정은 다음 논문에 자세하게 소개되었

금한동에서 발견할 수 있는 신앙 구조는 3년 주기로 이 마을에 속한 모든 하위 마을을 관장하는 천제와 매년 지내는 하위 마을 제사, 그리고 천제를 지낼 때 모든 마을 주민들이 각 가정별로 천신을 맞이하는 '천제 - 마중시루' 인데, 구체적으로 정리하면 다음과 같다.

금한이(琴閑-)에 속한 마을은 천제단이 있는 가장 큰 마을인 '금곡'과 함께 윗말, 아랫말, 벌테, 새터로 구성되어 있다. 천제단에서 3년에 한 번 천제를 지냈다는 사실과 함께 금한동에 서낭당이 3개 있었다는 인터뷰[83], 그리고 마을 제사는 세시풍속의 하나로 대부분의 마을에서 매년 지낸다는 사실을 바탕으로 금한동 마을 신앙의 구조를 파악할 수 있다. 즉, 윗말·아랫말을 비롯한 하위 마을에서는 매년 마을 자체적으로 서낭제라 불리는 마을 제사를 지낸 것으로 볼 수 있으며,[84] 이들 마을 전체를 아우르는 좀 더 큰 규모의 제의는 마을 천제단에서 3년마다 하위의 모든 마을이 정성을 모아서 천제를 지낸 것으로 볼 수 있다.[85]

이와 함께 발견할 수 있는 것이 천신을 마을 주민들 모두가 맞이하는 마중시루이다.

충청 지역에서 전승되는 산신제의 여러 절차 중에서 다른 지역에서 볼 수

기에 본고에서는 대략적인 내용만 소개하였다.
김용기, 「300여 년 이어왔던 금한동 天祭」 『상산문화』 13호, 진천상산고적회, 2007; 이창식, 「진천지역 금한동 천제 연구」, 『충북학』 12, 충청북도, 2010.

83 2014년 10월 25일 열린 제2차 금한동 천제 학술 세미나에서 토론을 해 주신 충북대학교 이상희 교수 제보.

84 현재 하위 마을 단위로 마을제사를 지낸 전통은 없어졌기에 이를 구체적으로 확인할 수는 없었다. 향후 추가 조사를 하여 이에 대한 구체적인 제의 양상을 정리할 필요가 있다.

85 이와 유사한 사례는 그 주기를 달리하지만 강원도 삼척시 도계읍 점리를 비롯하여 삼척·동해·태백 등 여러 지역에서 나타난다.

〈사진126〉 금한동 천제 제물 진설 전경(2010년)

〈사진127〉 금한동 천제에서 독축(2010년)

〈사진128〉 금한동 천제에 참여한 주민들(2010년)

〈사진129〉 공동으로 마련한 마중시루 앞에서 비손하는 주민(2010년)

없는 독특한 의례가 마중시루이다. 마을공동체의 구성원들이 산신제와 때를 맞춰 치성을 드리는 의례인데, 모든 마을에서 행한 것은 아니지만 충청 내륙 산간 지방에서 폭넓게 전승되었다.[86]

금한동에서 정월 초에 천제를 지낼 때 제관이 횃불을 올려 천제의 시작을 알리면 각 가정에서 백설기 한 시루와 정화수를 준비하여 천제단 방향으로 진설하여 초를 켜고 천제에 동참하였다고 한다. 현재는 본부석에 마짐시루용 백설기를 총 4개 준비하고, 백설기 좌우에 실을 묶은 통명태포를 준비한 후 희망하는 주민들이 그 앞에서 천제에 동참하면서 비손한다.

충청도 대부분 지역에서 산신제를 지낼 때 이와 같은 마중시루를 올리지만 산신제가 아니어도 마짐시루를 올리는 사례가 있다.[87] 이러한 사례로 보아 금한동에서는 마을 주민 모두가 마중시루를 준비하여 동참하는 대동성을 지닌 천제를 지냈음을 알 수 있다.

금한동 천제에서 모시는 신령, 천제를 지내는 목적과 위상, 그리고 제일을 중심으로 그 성격을 분석하면 다음과 같다.

---

86 마중시루란 산신제를 지내는 날 산신을 마중하기 위하여 각 가정에서 산제당을 향해 올리는 떡시루를 일컫는다. 즉, 제관은 산제당에서 마을의 안녕과 풍농을 기원하는 제를 올리고, 같은 시각에 마을에서는 집안의 부녀자가 중심이 되어 장독대나 마당에 떡시루를 받쳐놓고 정성을 드리는 것을 말한다. 마을에 따라서 맞시루, 마짐시루, 마주시루, 마중제, 고사시루, 마짐고사, 맞고사 등으로도 불리운다. 이에 대한 마중시루에 대한 기본 개념은 다음 논문을 참조하였다.
강성복, 「마중시루, 지상의 가정 거룩한 예배」, 『민간신앙』, 민속원, 2011.
87 충북 괴산군 청안면 운곡리에서는 국사제에서 마중시루를 올린다. 이는 국사제란 명칭과 별개로 국사신이 산신과 동일한 신격으로 인식되기 때문이다. 충남 청양군 정산면 송학리에서는 정월대보름 새벽에 장승제를 지낼 때 징소리와 함께 장광에서 마중시루를 올린다. 이례적으로 하당의례에서 마중시루를 올리는 것인데, 이는 장승제의 대상신인 오방신장이 산신의 성격을 대신하기 때문인 것으로 풀이된다(강성복, 「마중시루, 지상의 가정 거룩한 예배」).

① 모시는 신령

천제당에서 모시는 신령을 구체적으로 살펴보면 다음과 같다.[88]

첫째, 천신만 모시는 사례가 있다. 이 사례는 주로 산 중턱에 돌담을 말굽형으로 둘러 제단을 둘러싼 형태, 산 정상이나 그 아래에 제단을 설치한 형태, 하천 옆에 임시로 설치한 제단 등이다. 근덕면 초곡리, 궁촌 2리, 원덕읍 월천리, 기곡리 선의곡 갈경산, 옥원리, 도계읍 황조리, 늑구리 등에서 발견할 수 있다. 이들 제당은 주로 마을에서 상당의 기능을 하거나, 비가 안 올 경우 기우를 위한 제당의 기능을 한다.

둘째, 천신과 산신을 함께 모시는 사례가 있다. 구체적인 사례는 태백시 삼수동 절골 천제당, 태백시 백산동 번지당골 천제당 등에서 발견할 수 있다. 이들 마을에서 함께 모시는 신령은 주로 제당이 위치한 주산(主山)의 산신령이다. 이들 제당에서는 비록 매년 지내지는 않더라도 1년 또는 그 이상의 주기를 설정하여 정기적으로 제사를 지내는 경우가 대부분이다.

셋째, 천신과 기타 여러 신을 함께 모시는 사례이다. 천제당에서 천신과 함께 여러 신령을 모심으로써 다양한 종교적 기능을 수행할 수 있게 한 사례는 삼척시 남양동, 원당동, 성북동 갈야산, 마달동, 교동 우지마을과 동해시 동호동에서 발견할 수 있다. 이들 마을에서 함께 모시는 신령은 주로 성황신, 토지신, 여역신, 용왕신이다. 이들 중 천신을 능가하는 신령은 없으며, 모시는 신령들은 마을 내에서 요구하는 구체적인 역할을 수행하는 존재로 이해할 수 있다.

금한동에서 천제를 지낼 때 읽는 축문에서 모시는 신령을 '산천신기'라

---

88 김도현, 「강원도 영동 남부지역 고을 및 마을 신앙」, 고려대학교 박사학위논문, 2009.

한 것으로 보아 모시는 신령은 산천신으로 이해할 수 있다.[89] 모시는 신령은 비록 '산천신'이지만, 본문 내용 중 역질을 구축하기 위해 천신에게 기원하는 "… 높고 아득한 하늘[悠悠昊天]은 저희들의 부모이시니, 바라옵건대 저희들을 보살펴 주셔서 재앙이 없도록 해 주시옵소서.…"라는 문장이 있는 것으로 보아 천신도 모셨음을 알 수 있다. 이에 금한동 천제 축문에서 모시는 신령은 표면적으로는 산천신이고, 그 내용 중에는 천신을 모셔서 종교적 기원을 하였기에 다소 혼돈스러운 모습을 보인다.

이에 천신을 모시는 천제로 보기에는 좀 더 심도 있는 논의가 필요해 보인다. 그러나 다음 사례를 보았을 때 제의 명칭은 '천제'이지만 모시는 신령은 서낭이나 산신 등 천신이라 명명될 수 있는 신령과는 전혀 다른 신령을 모신 사례 또한 다수 발견된다.

[사례 1] 강릉 고봉 천제당

고봉은 신령스런 산으로 산 정상에는 제사를 모시는 천제단이 있는데, 송암리 마을 사람들은 매년 10월 초정일(음력) 새벽에 제물을 준비하여 산정에 올라가 천제를 지낸다. 천제단에는 성황지신·여역지신·토지지신을 모시고 있고, 천제를 지낼 때 부정한 사람은 참여하지 않으며, 제물은 소머리를 쓴다. 또한 마을에 가뭄이 계속 들면 하지가 지난 후에 고봉에 올라와 기우제를 지내기도 한다.

---

89 '神祇'라고 기록되어 있으면 天神과 地祇으로 이해될 수 있다. 즉, 神이 天神이요, 祇가 地祇다. 地祇란 곧 天神에 대비된 地神과 같은 말이다.(許愼,《설문해자(說文解字)》권1)

[사례 2] 삼척시 원덕읍 월천 3리 천제당

천제당에 대하여 1916년 편찬된 심의승의 『삼척군지(三陟郡誌)』에 "… 갈령(葛嶺)은 안일왕산(安逸王山)이라 칭하며, 그 동쪽에 봉수산(烽燧山)의 연대구지(烟臺舊址)에 지금은 성황사(城隍祠)를 설하였으며, …"[90]라고 한 것으로 보아 이미 1910년대에 봉수대 옛터가 마을 신앙의 대상물로 치제되었음을 알 수 있으며, 원래는 '성황사'였는데, 모시는 신위가 천신이었는지는 알 수 없고, 이후 마을에서 '천제당(天祭堂)'이라 하였던 것으로 보인다.

[사례 3] 삼척시 성내동 천제(갈야산 중턱에 있는 제단에서 행하는 천제)

삼척의 읍치성황사가 위치한 진산인 갈야산 중턱에 있는데, 마을 사람들은 천제단이라 부른다. 흙담을 ㄷ자형으로 쌓아 그 내부에 흙 제단을 만들었으며, 정월 초하루 자시에 제를 지낸다. 축문에 따르면 모시는 신령은 토지지신·성황지신·여역지신이며, 제수는 떡 3시루·소머리·삼색과와 해물전 각 3그릇·제주 3단지이다.

[사례 4] 충북 지역 천제

2008년 국립민속박물관에서 조사한 〈한국의 마을 신앙〉에서도 충북 지역에서 천제를 지내는 사례가 4곳 소개되어 있다. 제천 덕산면 금곡마을 천제·미호천둑 천제·진천군 수문골 천제·증평군 원평마을 천제사인데, 모두 연초에 천제를 지낸다. 모시는 신령은 천제임에도 불구하고 서낭신이나 산신을 모신 사례가 3곳이다.

---

90   沈宜昇, 『三陟郡誌』, 1916, 遠德面 月川里條.

위의 사례를 보았을 때 비록 축문이나 기타 자료에서 모시는 신령 중에 천신이 없더라도 마을 제의를 천제, 제당을 천제당으로 명명하여 그 전통을 계승하고 있는 사례가 다수 있음을 확인할 수 있다. 이와 같은 모습이 나타난 이유에 대하여 향후 심도 있는 논의가 전개되어야겠지만 일반적으로 신령 명칭 변화 과정이나 천제를 지내는 목적성을 고려하여 천제가 영향을 미치는 지역적 범위가 한 마을에 머무르지 않고, 인근의 다수 마을과 연결되어 있는 사례가 많다는 점을 고려해 본다면 비논리적인 상황은 아니라고 여겨진다.[91]

② 천제를 지내는 목적과 위상

천제는 그 기능과 마을 내 다른 신령과의 관계에 따라 다양한 형태로 전승되는데, 금한동에서 천제를 지내는 목적은 다음과 같이 축문에 잘 나타나 있다.

> … 지금 병마가 생겨서 저희 고장에까지 뻗쳐 와
>
> 먼 곳부터 가까운 곳에 이르기까지 죽은 사람이 많습니다.
>
> 이에 서민들은 근심스럽고 걱정스러워서
>
> 마음을 졸이고 애간장을 태우니

---

91 이를 논증하기 위하여 다양한 사례를 수집하여 이의 분석을 통해 합리적인 논의를 전개할 필요가 있다. 이와 관련하여 필자가 조사한 사례를 분석한 결과 상위 제의는 천제, 하위 제의는 서낭제 등인데, 시간이 지나며 상위 제차인 천제에 결속된 마을들이 분리되어 나가고, 중심마을에 있는 천제단에서 하위 제의를 행한 마을에서는 서낭제나 산신제를 지내게 되고, 이것이 정착되면서 천제단에서의 제의에서 천신 모심이 사라지고, 하위 마을 제차에서 모신 신령만이 나타나 천제단 제의와 어긋남이 발생한 것으로 보인다. 즉, 하위 마을이 분화, 독립되면서 이러한 현상이 나타난 것으로 이해된다.

음식을 먹어도 달지가 않고 잠자리에 들어도 편히 잠을 잘 수가 없습니다.

그리하여 온 마을 사람들이 한마음이 되어 신명께 제사를 지내고

삼가 괴로움을 하소연하며 이에 주효(酒肴, 술과 안주)를 받들어 올립니다.

높고 아득한 하늘은 저희들의 부모이시니

바라옵건대 저희들을 보살펴 주셔서 재앙이 없도록 해 주시옵소서.

저희들의 어리석은 정성을 어여삐 여기시고

저희들의 간절한 기원을 들어주신 나머지 명철한 명령을 내리시고

혁혁한 위엄을 드날리심으로써 악질(惡疾)을 몰아내시고

상서롭지 않은 일을 막아 주소서.

병마가 없도록 온 산천을 깨끗이 소제하시고

저희들의 지역을 평안케 하여 주시고 장수하는 고장에 화평한 바람이 일고

백성들과 동식물이 길이 번창하게 하여 주소서. …[92]

위의 축문을 통해 금한동에서 천제를 지내는 목적이 나쁜 전염병을 막아서 마을의 안녕과 번창을 기원하는 것이었음을 알 수 있다. 이를 위한 축문에서 산천신을 모셨지만, 축문의 내용 중에는 '유유호천(悠悠昊天)' 즉 천신에게 나쁜 전염병을 구축해 달라는 염원을 담고 있음을 알 수 있다.[93]

천제를 통해 악질을 구축하고자 하는 염원을 담은 사례를 소개하면 다음

---

92 김용기, 「300여 년 이어왔던 금한동 天祭」, 『상산문화』 13호, 진천상산고적회, 2007, 24~26쪽.

93 조선시대 기록인 『조선왕조실록』, 『비변사등록』(광해~고종), 『승정원일기』(인조~고종)에 실린 역병이나 돌림병에 대한 다양한 대책 중 여제를 지낼 향축(香祝)을 하사하거나, 여제를 지내도록 조치한 내용들을 발견할 수 있다. 이와 같은 기록을 통해 민간에서뿐만 아니라 국가 차원에서도 역병을 막기 위한 종교의례를 행하였음을 알 수 있다.

과 같다.

[사례 1] 여수시 화정면 개도리 화개산의 천제단에서의 제의

화정면 개도리 화산 천제는 일제강점기 때부터 시작되었다. 일제강점기에 이 마을에는 군마(軍馬)를 키우는 목장이 있었는데, 군마가 병이 들어 죽으면 그 책임을 마을 사람들에게 물었다. 이에 주민들은 정신적·신체적 위해(危害)를 피하고, 이를 모면하기 위해 군마가 병이 들지 않기를 바라는 마을 제사를 지내게 되었다고 한다. 현재는 농사와 바다일이 잘되고 마을 주민들의 안녕을 위해 하늘에 제사를 모신다고 한다.

[사례 2] 울진 북면 쌍천리 독미산 천제당

쌍전리 동제는 서면 쌍전리의 덕거리(쌍전 1리) 대봉전(大鳳田)마을 앞 독미산에 있는 천제당에서 3년에 한 번 음력 정월 14일 자시(子時)에 마을의 태평무사와 풍농을 기원하기 위해 천신에게 지내는 마을 제의이다.

쌍전리에는 예정된 날에 제를 모시지 않으면 마을에 돌림병이 돌거나 흉년이 든다는 이야기가 전한다. 이 때문에 쌍전리 주민들은 태평무사와 풍농(豐農)을 기리고 재앙이 없기를 기원하는 마을 제사를 3년에 한 번이라도 지내고 있다.

[사례 3] 삼척시 미로면 내미로리 천제

마을에서 소가 병이 들어 죽고, 마을 청년들이 다수 자살하는 등 우환이 끊이지 않자 마을 내 천제봉에서 10년에 한 번씩 소를 희생으로 하여 날을 받아 천제를 지낸다. 이후 마을의 우환이 사라졌고 그 전통은 계속 이어지고 있다.

위 사례 이외에도 각종 역질을 구축하기 위해 천제를 지낸 사례는 전국적으로 많이 발견된다. 그런데 금한동에서 매년 정월 대보름 이전 좋은 날을 받아서 자시에 천제를 지냈다는 것으로 보아, 인근의 여러 마을을 아울러서 역질을 구축하기 위해 천제를 지냈으며, 그 전통을 계속 이어 가는 과정에서 3년에 한 번씩 지내는 마을 제의로 정착되어 현재에 이르는 것으로 볼 수 있다.

금한동 천제단은 천제를 통해 역질을 구축한다는 구체적인 목적과 함께 마을 내 공동체 신앙의 상당으로서의 역할을 한다. 천제단이 마을 내 공동체 신앙에서 상당 역할을 하는 사례를 소개하면 다음과 같다.

[사례 1] 삼척시 원덕읍 월천 3리 가곡산 천제단

천제단은 주로 마을 제사를 지낼 때 가장 격이 높은 대상으로서 치제되거나 개인적으로 어업에 종사하는 사람들을 중심으로 풍어를 기원하는 대상물로 치제되며, 부수적으로 간수 단지를 통해 풍흉을 점치는 등의 3가지 기능을 동시에 지니고 있다.

제수(祭需)를 준비할 때 천제단 제물에 가장 많은 정성을 기울이는데, 생선·과일 등에서 할아버지당이나 할머니당과 비교하여 가장 좋은 것을 올린다고 한다. 그리고 전체적인 제의 과정을 보면, 천제단에서 제사를 지낸 후에 팽나무를 신목으로 한 할아버지당과 바닷가에 있는 할머니당에 가서 제사를 지내는데, 예전에는 마지막 절차로 바닷가에서 용왕제를 지냈다고 한다.

[사례 2] 삼척 지역 사례

삼척시 신기면 대평리에서는 '천제단 → 서낭당'의 순으로, 근덕면 교가 2

리 제동마을에서는 '천제 → 용왕제'의 순으로 제사를 지내는데, 천제단을 상당으로 여겨 가장 큰 정성을 드린다.

이에 비해 인근의 원덕읍 호산리 해망산 천제단에서는 '천제단 → 할아버지당 → 할머니당'의 순으로 제사를 지내는데, 여기에서는 할아버지당에 가장 많은 정성을 드린다. 이와 유사한 사례는 도계읍 무건리의 '천제 → 성황제', 근덕면 초곡리의 '천제 → 성황제사 → 수부신 위함'과 근덕면 궁촌 2리에서의 '천제 → 윗서낭제 → 아랫서낭제'에서도 발견할 수 있다. 이들 마을에서도 천제단을 상당으로는 여기고 있으나, 실제 마을의 안녕과 풍요를 위하여 성황신을 더 중요하게 여긴다.

위에서 살펴본 바와 같이 금한동 천제단은 마을공동체 신앙에서의 상당 역할을 하며, 그 목적은 역병 구축이라는 것을 알 수 있다.

③ 제일(祭日)

천제단에서의 제일은 정기적으로 이루어지는 의례와 비정기적으로 이루어지는 의례로 구분할 수 있다. 여기서 비정기적으로 이루어지는 의례는 대부분 가뭄이 들었을 때 행하는 기우 의례이다. 따라서 이들 의례는 비록 비정기적이고, 늘 새로운 날을 받아서 지내는 것이지만 대체적으로 4월 말에서 5월 초 사이에 날을 받아 지낸다. 매년 또는 수년을 주기로 천제를 지내는 제당에서도 날을 받아서 지내는 예가 많다.

강원도 삼척 지역을 예로 들면 삼척 시내에 있는 남양동 천제당, 갈야산 천제단, 마달동 천고사 등 대부분의 제당에서는 음력 1월 1일에 천제를 지낸다. 근덕면 초곡리와 원덕읍 월천리 등 해안 마을에서는 주로 1월 15일에 천제를 지내며, 도계 지역에 있는 무건리에서는 3월 3일에, 심포리와 한내리에서는 4월 중에 택일하여 지낸다.

이것으로 보아 제일은 지역 여건과 마을 내 다른 제당의 제일과 밀접하게 관련되어 정해지는 것으로 볼 수 있다.

금한동에서는 현재와 같이 10월에 지내기 전에는 3년에 한 번씩 정월 초에 날을 정하여 자시에 지냈다고 한 것으로 보아, 새해를 새롭게 시작하며 천신에게 새해 인사를 드리면서 새해에도 안과태평하고, 건강하게 잘 지내기를 기원하기 위해 제를 지냈음을 알 수 있다.

(3) 의미

금한동에 전해 오는 축문 내용을 보면 천제단에서 천제를 지내는 목적은 신령께 정성을 드려서 마을 주민들을 역질로부터 지켜 내기 위함이었다는 사실을 알 수 있다. 이와 함께 각종 역질이 창궐하면 특정 마을만이 아닌 인근 마을도 그 영향을 받기에 공동으로 대처해야 하고, 금한동 천제단이 있는 위치 등을 고려해 본다면 금한동 천제는 금한동만이 아니라 인근 마을을 포함하여 지냈을 가능성이 매우 크다.

즉, 금한이(琴閑-)에 속한 마을은 천제단이 있는 가장 큰 마을인 '금곡(金谷)'과 함께 윗말 · 아랫말 · 벌테 · 새터로 구성되어 있어, 각 마을에서는 매년 마을 단위의 동제를 지내면서 이들 마을들이 모두 모여 천제단에서 3년에 한 번 천제를 지냈다는 사실을 통해 '천제단 - 하위 마을 제당'으로 구조화될 수 있는 금한동 마을 신앙의 구조를 파악할 수 있다.

이와 함께 천제를 지낼 때 모든 마을 주민들이 각 가정별로 천신을 맞이하는 '천제 - 마중시루'를 통하여 금한동에서는 마을 주민 모두가 동참하는 대동성을 지닌 천제를 지냈음을 알 수 있다.

이와 같은 성격을 지닌 금한동 천제는 1992년 이후 단절되었다가 2009년부터 현재와 같이 매년 10월에 지내게 되었다. 이전에는 3년에 한 번씩 정월 초에 날을 정하여 자시에 지냈다고 한 것으로 보아 새해를 새롭게 시작하면서 천신에게 새해 인사를 드려 안과태평하고, 건강하게 잘 지내기를 기원하기 위한 제의였는데, 그 전통이 1년을 마무리하는 감사제의 의미로 변화하였고, 깨끗한 제관들만이 참여하던 천제에서 희망하는 모든 사람들이 동참할 수 있는 열린 제의로 변화하여 오늘에 이르고 있다.

제당 명칭이 '천제단'이고, 마을 주민들도 하위 마을 주민들이 동참하는 천제를 3년 주기로 지냈음을 기억하고 있으며, 천제를 지내는 목적이 역병구축이었다는 점 등을 고려한다면 금한동 천제단에서의 제의가 '천제'라는 것은 틀림없다. 그런데 전하는 축문 내용의 중간 부분에 '하늘', 즉 천신에게 기원하는 내용이 있지만, 축문의 앞부분에서 모시는 신령이 '산천신기' 즉, '산천신'이라고 한 사실은 금한동에서의 제의를 천제라고 규정하는 데 문제점으로 지적될 수 있다.

2) 강원도 삼척시 내미로리 천제[94]

(1) 마을 개요

내미로리는 본래 면 명칭을 사용하여 정한 마을 이름이다. '미로'라는 지명은 삼척 부사 미수(眉叟) 허목(許穆)이 지은 『척주지(陟州誌)』(1662)에서 방리(坊里)를 언급하면서 '미로(眉老)'(이후 未老里)를 언급할 때 처음 보인다. 『삼척군지(三陟郡誌)』(1916)에서는 '미로'라는 지명의 어원과 관련하여 "미

---

94 김도현, 「삼척시 내미로리 天祭」, 『종교학연구』 제32집, 한국종교학연구회, 2014, 49~72쪽.

로는 '미-느리'라고 부르는 속음(俗音)이 있고 보면 이것은 아마 오십천 다리를 나무판자 한 개씩을 연결하여 길게 가설한 곳이 여러 곳에 있으므로 '미-근·늘·다리'[연회판교(連回板橋)라는 뜻]라고 불리는 것을 한자음으로 미로리(眉老里)라고 쓴 것으로 보고, 이와 함께 오십천(五十川)을 여러 번 건너다니게 되므로 '미-근·늘창·나드리'[연회누도(連回屢度)의 뜻]라고 불리던 것이 와전되어" 이름하였을 것으로 보고 있다.

1916년 발간된 『삼척군지』에 의하면 300년 전에 신계승(辛啓承)이 이주해 왔고, 100년 전에는 밀양 박씨 귀채(貴采)와 김시진(金始振)·이용욱(李龍郁) 등이 이주하여 왔다. 그 후에도 백원진(白原鎭)을 비롯한 여러 성씨들이 들어와 거주하였다고 한다. 1916년 당시 총 호수는 150호이고 인구는 676명이었다.

본 동리는 본 면의 북쪽 끝자락에 위치하여 동쪽은 무사리에, 서쪽과 남쪽은 고천리에, 북쪽은 동해시 삼화동에 서로 접하고 있으니 동서 1리 남북 1.5리이다. 종정전(種井田)·평지동(平地洞)·천태전(天台田)·방현(芳峴)·석탄(石灘)·조지전(鳥池田)·신리곡(辛梨谷)·반석곡(盤石谷) 등 여덟 개의 마을로 이루어져 있다.

그리고 서쪽에 두타산(頭陀山)이 우뚝 솟아 있고 그 기슭에 흑악(黑岳)이 있다. 천제봉(天祭峯)과 고조봉(顧祖峯)은 솔모산(率母山) 줄기로 본 동리 동쪽에 각각 준순(逡巡)하고 있다. 내미로천(內未老川)은 동남쪽으로 흘러가 사둔리에 들어간다. 도로는 14km 거리인 삼척 시내와 6km 거리인 미로면, 4km 거리인 삼화사(三和寺) 등으로 통한다.

내미로리에는 『신증동국여지승람』에 삼척 사람들이 봄가을에 제사를 지내고, 가물면 기우제를 지냈다고 기록된 쉰움산이 있는데, 쉰움산에는 고려시대의 인물인 이승휴 선생이 머물며 『제왕운기』를 저술한 곳으로 유명한

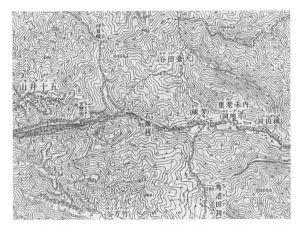

<사진130> 내미로리 지형도(1918년 지형도 ; 종로도서관 제공 지도 https://jnlib.sen.go.kr/)

천년 고찰 천은사가 있다. 마을 공동 제의로서 천제봉에서 천제를 지내며, 각 마을별로 정월 초하루와 단오에 서낭고사를 지낸다. 이와 함께 봄에는 각 성씨들이 성의껏 제물을 준비하여 쉰움산에 좌정한 집안 조상을 위하는 산멕이를 행한다.

(2) 제의 개요

내미로리에서는 반 단위의 서낭고사 외에도 내미로리 전체 마을이 참여하는 천제를 천제봉 정상에서 지내고 있다. 천제를 지낸 유래와 관련하여 1997년 천제단에 세운 비석 내용을 소개하면 다음과 같다.

천제 유래는 옛날 전설에 따르면 고려 충렬왕 즉위년인 1280년경. 이 지역에 괴질이 발생하여 백성들의 고생이 매우 심하여 청천백일(靑天白日)이 3일 이어지는 진시(辰時)에 무지개가 설패산(雪霈山) 아래 청정(淸井)에서 이 산봉우리에 정립(正立)하여 기이하다 하던 중 어느 날 신령도 아니고 신선도 아닌 백발노인이 지나시며 이 산에서 천제를 10년마다 올리고, 제주(祭酒)는 지주(地酒)요, 소 생육(生肉)을 진설하며, 청정(淸井)에 있는 물을 사용하면 국태민안과 삼척 지역 민생이 태평(泰平), 시화연풍(始華年豊)하다 하여, 이곳에서 천제를 올려 왔다. 옛날 사람들로부터 이어 온 전통을 계승하고, 후손들에게 전하고자 동민이 합의하여 이 비를 엄숙하게 건립하니 이후 영원토록 집집마다 우환이 없고, 복덕을 누릴 것을 기원한다.

위에서 소개한 유래에 더하여 광복 이후 천제를 지낸 구체적인 사실을 소개하면 다음과 같다.

예전에는 농사를 지을 때 소로 밭을 갈았다. 그래서 소는 가축이라는 것을 떠나서 중요한 농기구이고, 재산 증식의 수단이어서 한 가족처럼 여겼다. 그런데 60~70여 년 전에 마을의 소에 전염병이 돌아 많이 죽었다. 이에 당시 내미로리 이장이었던 천태밭골 출신 김복남은 소가 우질로 죽어 나가니 이를 막기 위해 소를 희생으로 바쳐 천제를 지내자고 마을 사람들을 설득하고, 성금을 거출하여 소를 구입하여 천제를 지냈다고 한다. 천제를 지낸 후 우질은 사라지고, 마을이 안정되었다. 이에 당시 매우 어려운 경제 사정으로 인해 매년 지내기는 어려워 10년에 한번 씩 지내기로 결의하였고, 천제를 지낸 후 꼬치에 소고기 2~3 조각을 나누어 주었다고 한다.

이후 경제적인 여건이 좋지 않아 천제를 지내지 않았는데. 각종 역병과 함께 마을의 젊은이들이 자살을 하는 사람들이 생겨나는 등 흉흉하였다. 내미로리 마을 주민들은 마을에 닥친 우환을 극복하기 위해 천제를 다시 지내기로 하고 소를 제물로 준비하여 천제봉에 올라 천제를 지냈다. 천제를 지낸 후 우역으로 죽는 소도 없어졌으며, 마을 내 젊은이들도 건전하게 생업에 종사하며 잘 살게 되었다고 한다. 이에 10년 주기로 천제를 지내게 되어 지난 2001년 최○○ 이장이 주도하여 천제를 지냈다고 한다.[95]

천제단이 위치한 내미로리 1반(種井田) 천제봉(天祭峰)은 두타산 줄기가 끊임없이 이어져 천제봉에 와서 솟구친 형태이다. 천제봉 좌우에 더 높은 산봉우리가 있으나, 이들 산은 두타산 줄기가 아니어서 천제단의 위치로 적합하지 않다. 천제봉 서쪽 방향을 제외한 나머지 3면은 급경사인데, 이런 지형이 혈이 모이는 지형이며, 잡귀가 끼어들 여지가 없는 곳이어서 천제단을 설치하여 하늘에 제사지내기에 매우 좋은 지형이라고 한다.

그리고 남동동쪽에 근산이 보이고, 천제봉 아래에 있는 내미로리와 함께 사둔 2리가 한눈에 보인다. 동쪽으로는 횟골재가 보이는데, 이를 넘어가면 삼척시 도경 2리로 넘어갈 수 있다.

1997년 천제봉 정상에 있는 천제단에 '천황상제제단비(天皇上帝祭壇碑)'라 새긴 비석[96]을 세우기 전에는 별도의 제단 시설 없이 제물을 진설하여 천제를 지냈으나, 2001년·2012년·2013년에 천제를 지낼 때는 비석 앞에 제물을 진설하여 천제를 지냈다. 2014년에는 천제를 지내지 않았으나, 삼척시의 지원을 받아 장방형으로 쌓은 제단을 설치하고, 제단 위에 비석을 세웠다.

---

95 제보자 : 최진극, 남, 69세, 내미로리 3반. 2012년 5월 26일.

96 1997년 4월 15일 정오에 세운 비석은 천신을 모신 위패 역할을 하면서, 옆 면에 내미로리 천제 내력을 새기고, 뒷면에 이에 동참한 주민들 명단을 새겨 후손들에게 이를 알리는 역할을 같이 한다. 비석을 세울 때 내미로리 마을 중 종전동, 평지동, 천태동, 방현동, 석탄동 주민들이 뜻을 모았으며, 특별하게 협찬을 한 백도현, 박재홍, 박재은, 박진홍과 함께 동해시에 거주하는 김형준, 안규흠, 안태흠, 백승태, 그리고 인천시에 거주하는 안춘흠, 안송흠, 김태현의 이름을 새겼다. 동해시와 인천시에 거주하면서 협찬을 한 7명은 내미로리 출신이어서 협찬을 하였다고 한다.

<사진131> 내미로리 천제단(2014년)

내미로리 사람들은 천제봉에서 마을 공동으로 천제를 지내지만, 이곳에서 산멕이를 지내는 사람은 없다. 또한 기우제도 쉰움산 정상이나 천은사 뒤 골짜기에서 500m 이상 올라가서 지냈다고 한다.

필자는 2001년에 이어, 2012년과 2013년 내미로리 천제봉에서 설행된 천제를 조사할 수 있었다. 특히 2012년에는 천제를 지내기 2주일 전에 현지에서 제주를 빚고, 5월 26일에는 천제단 아래 현장에서 희생인 소를 도축하는 장면을 비롯하여 제물을 준비하고 천제를 지내는 전체 과정을 조사하였다. 구체적인 내용을 소개하면 다음과 같다.

2012년 천제를 지낼 때 올릴 제주(祭酒)는 2주일 전인 2012년 5월 12일(양력) 오후 2시부터 3시 30분 사이에 천제봉 정상에서 빚었다. 제주를 빚고 메지을 물은 천제봉 아래에 있는 풍다리골에서 길러 왔다.

제주를 빚기 위해 준비한 것은 쌀 한 되, 누룩 2장, 엿기름 한 봉지, 술약 1

봉지, 물 8리터이다. 제주를 빚는 과정은 다음과 같다. 엿기름을 물에 담갔다가 잘 주물러서, 밥과 누룩을 잘 섞어 삼베 자루에 넣어 술독에 넣고, 물을 붓는다. 물을 충분하게 붓고 삼베 자루를 잘 묶은 후 옹기독에 뚜껑을 덮어 미리 판 구덩이에 잘 묻는다. 삽으로 흙을 떠서 독 주변에 흙을 빈틈없이 넣은 후 손으로 잘 다진다. 이때 비가 올 것에 대비하여 물길을 잘 만들어 빗물이 독에 들어가지 않도록 잘 마무리한다. 그 위에 대야를 엎어서 덮은 후 대야가 날아가지 않게 큰 돌을 올려둔다.[97]

2012년 내미로리 천제는 2012년 5월 26일(음력 4월 6일)에 설행하였다. 그 과정은 미리 구입하여 정성껏 돌본 수소를 오후 2시 30분쯤 희생으로 바치기 위해 천제단 아래에서 도축한 후 다리와 갈비, 머리 등 부위별로 큼직하게 각을 떠서 준비한다.

오후 9시 30분경 각종 제물을 준비하여 천제단에 와서 각을 떠서 미리 준비한 소고기를 천제단 주위에 둥글게 걸어 두고 제물을 진설한다. 이때 천제를 지내는 현장에서 메를 짓는데 메를 다 지을 때까지 뚜껑을 열지 않고 정성을 다하여 준비한다. 이와 함께 2주일 전에 빚어서 땅을 파고 묻어 둔 제주 빚은 단지를 꺼내어 주전자에 제주를 담는다.

위와 같이 제물 준비와 진설이 끝나면 유교식 제의 절차에 따라 약 20분 동안 천제를 지낸다. 초헌관·아헌관·종헌관으로 구성된 제관과 집례·집사·축관이 천제를 진행하였는데, 당시 축관은 최○○ 이장님이었다. 천제를 마친 후 소지를 올리고 음복을 하였다.

그리고 천제를 지낸 다음 날(5월 27일) 마을회관에 내미로리 주민들이 모

---

97 제주를 담근 분은 내미로리 이장인 최○○와 부인인 김○○이다.

여 마을 잔치를 하면서 함께 음복을 하며 마을의 안녕을 기원하였다.

2012년과 2013년에 천제를 지내기 위해 진설한 제물 진설도를 소개하면 다음과 같다.

2012년과 2013년에 준비한 제물을 보면 공통적으로 제단에 소머리·메·생선·포·밤·곶감·대추·사과·배 등을 진설하였고, 제단 주위 나무에 둥글게 각을 뜬 소고기를 걸었다. 2012년에 비해 2013년에는 떡을 백설기 대신 팥시루떡으로 준비하였고, 무·고사리·시금치를 올리지 않았다. 여기서 떡을 백설기 대신 팥시루떡으로 올린 것은 내미로리에서 각종 역질을 방지하기 위해 천제를 지내기에 이와 관련한 제물인 팥시루떡을 올린 것으로 보인다.

2001년 천제를 지낼 때 진설한 제물과 비교하였을 때 변하지 않고 늘 올린 것은 소머리와 각을 뜬 소고기·메·술·포·밤·곶감·대추·사과·배이다. 이를 통해 가장 중요한 제물이 소라는 것을 알 수 있으며, 메와·술·밤 등 일반적으로 제사지낼 때 올리는 제수를 진설함을 알 수 있다. 즉, 각 가정에서 제사지낼 때 올리는 제수를 기본으로 하면서, 특별하게 소 한 마리를 제물로 올린다는 점과 2013년 천제에서 팥시루떡을 올린 것은 내미로리에서 천제를 지내는 구체적인 목적을 잘 보여준다고 볼 수 있다.

천제를 지내기 위해 준비하는 문서는 축문(祝文), 천제홀기(天祭笏記), 제관 명단이다. 먼저 축문을 소개하면 다음과 같다.

　　　天皇上帝之神祝文

　　　維歲次壬辰 四月 壬午 朔草 六日 丁亥
　　　獻官 허덕규 敢昭告于

海東朝鮮國 江原道 三陟市 未老面 內未老里

天台散下[98] 住民一同

天皇上帝之神伏以 齊浴百拜 敢陳微誠伏惟

尊靈俯察郡生 國泰民安 消灾回復 除凶反吉

時和年豊 五穀豐登 六畜繁盛 各人各姓樂

如一日哀此群生各陳微誠敢言 祈福伏惟

尊靈歆格尙

饗

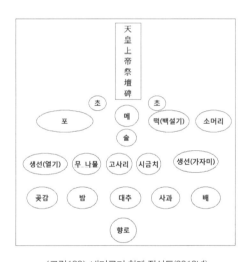

〈그림132〉 내미로리 천제 진설도(2012년)

---

98 해방 이후 천제봉에서 천제 지내는 것을 처음 주도한 김복남 이장님이 내미로리 천태골
    에 살아서, 천태골 아래 흩어져 살고 있는 주민들이라는 의미로 '天台散下 住民一同'이
    라는 문장을 사용함.

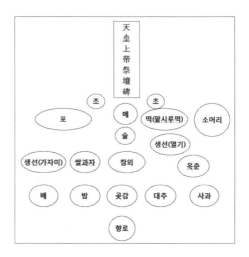

〈그림133〉 내미로리 천제 진설도(2013년)

　천제홀기(天祭笏記)에는 제의 명칭을 '천제(天祭)'라 하였는데, 모시는 신령은 '천황지신(天皇之神)'이라 표현하였고, 유교식 제의 절차를 적어 집례가 이에 의해 천제를 진행하였다.

　제관 명단을 적은 문서에는 초헌관·아헌관·종헌관·좌집사·우집사·축관·찬홀(마을 이장, 반장, 기타 어르신들) 담당자들을 적었으며, 제의 명칭은 '천황제(天皇祭)'라 하였다.

天皇上帝之神祝文
維歲次壬辰四月壬午朔初六日丁亥
獻官 ○○○ 敢昭告于
海東朝國江原道三陟市未老面內未老里
天台敢下住民一同
天皇上帝之神伏以齊潔百拜敬陳微誠伏惟
尊靈俯察郡生國太民安消災同福除凶之吉時
和年豐五穀豊登育畜繁盛各人各安樂
如一日哀此群生各陳微誠敬言祈福伏惟
尊靈歆格尚
饗

檀紀四千三百四十五年四月初六日
天皇祭를奉行하겠습니다
初獻官 허무기
亞獻 맹도헌
終獻 박대희
집사 이도재
우장사 신승호
祝官 최진극
장은 김예영

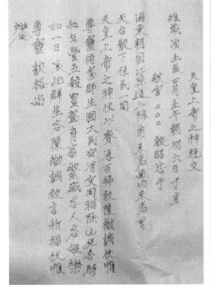

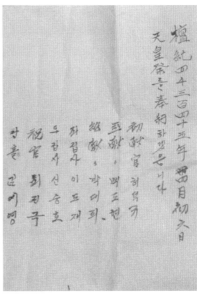

〈사진134〉 내미로리 천제 축문(2013년)
〈사진135〉 내미로리 천제 제관 명부(2012년)

天皇靈前跪、執酌獻酌、奠酌、俯伏興、小退再拜、
引降復位、行終獻禮、終獻官詣、盥帨位、盥手帨手
詣天皇靈前跪、執酌獻酌、奠酌、俯伏、興、小退再拜
引降復位、初獻官詣、天皇靈前跪、獻酌添酌、俯伏興
小退再拜引降復位、執事者進茶點茶、下匙筯、進令
啟蓋、撤茶退酌、執事者、撤禮饌、行飮福禮、在位者、
皆俯伏、辭神再拜、焚祝文、禮畢

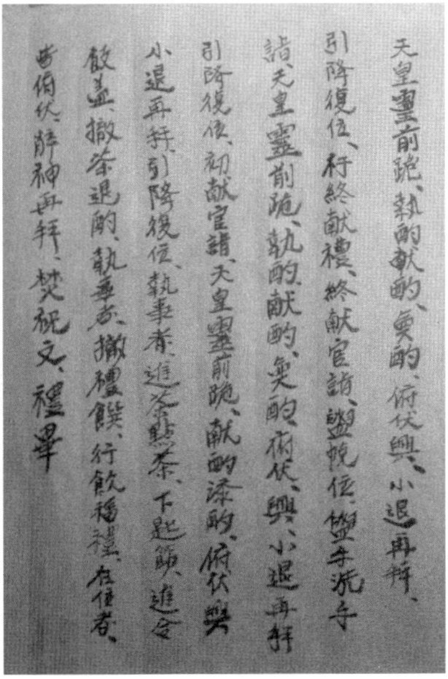

〈사진136〉 내미로리 천제 홀기(2012년)

〈사진137〉 내미로리 천제에서 소고기를 나무에 걸고 있음

〈사진138〉 새우메를 짓고 있는 모습

〈사진139〉 천제 제물 진설과 제관

〈사진140〉 내미로리 천제 진설

〈사진141〉 내미로리 천제에서 초헌관이 재배함

〈사진142〉 내미로리 천제 독축(2012년)

<사진143> 내미로리 천제에서 소지 올림(2012년)

(3) 내미로리 천제의 성격

내미로리에서 '천제(天祭)'라고 한 것으로 보아 천신(天神)을 모신 제의인데, 비석이나 축문, 제관 명부를 보면 '천황상제(天皇上帝)', '천황(天皇)', '천황제(天皇帝)'라는 표현을 사용하고 있다. 천신(天神)을 천황(天皇)으로 표현하는 사례는 많지 않지만, 다음 자료를 보면 천신(天神)을 천황(天皇)으로 표현한 것으로 이해할 수 있다.

[자료 1] 태백시 연화산 산령당[99]

… 연화산 산령당 내에 모신 주신(主神)은 연화산 산신이지만, 별도로 천

---

99 김도현, 「태백지역 고갯마루 산령당 운영 양상과 그 성격」, 『박물관지』 18호, 강원대 중앙박물관, 2012년 2월.

황신을 모시고 있다. 그 이유는 원래 연화산 산령당과 함께 무당들이 개인적으로 사용하던 소규모 제당이 산령당 위에 있었는데, 어느 해인가 화재로 제당이 불탄 후 무당들이 개별적으로 모시던 천황신을 연화산 산령당 내에 모시게 되었다고 한다. …

[자료 2] 세 며느리의 육담 문답[100]

… 두 며느리는 이번에는 시아버지의 생신에 맞추어 인사말을 각각 "천황세, 지황세하시라(하늘 황제의 수명, 땅 황제의 수명을 누리시라)."라고 하기로 한다. 그런데 이번에 셋째는 "아버님, 좆이 되어 주세요." 하고 기상천외의 인사를 한다. 천황세든 지황세든 어차피 죽을 것이지만, 성기는 죽었다 다시 살아나는 것이므로 이번에도 셋째를 당해내지 못한다. …

[자료 3] 천지왕본풀이[101]

… 초감제는 비념에서부터 큰굿에 이르기까지 그 규모의 대소에 불구하고 모든 무의(巫儀)에 공통으로 행해지는 기본적인 굿 절차이다. 하늘과 땅이 붙어 있다가 떨어져 나가는 과정을 시루떡의 층계같이 금이 가기 시작한다고 하고, 하늘과 땅의 이슬이 생겨 합수하고 이어 구름이 생기고 천황(天皇)·지황(地皇)·인왕(人王)' 닭이 나와 머리를 들고 꼬리를 치고 날갯짓을 하면서 천지가 열리는 모습을 구체적으로 노래하며 성신과 일월의 생성 내력을 계속한다. …

100 김경섭, 「세 며느리의 육담 문답」, 『한국민속문학사전』, 국립민속박물관, 2013.
101 박종성, 「천지왕본풀이」, 『한국민속문학사전』, 국립민속박물관, 2013.

[자료 4] 충주(忠州) 마수리(馬水里) 농요(農謠)[102]/ 3. 초벌매기소리 : 〈긴방

아소리〉

(받) 에헤이 어라 방아호

(메) 선천수 후천수는 억만 세계두 무궁한데

천황씨가 탄생 후에 지황씨도 탄생을 하고

위의 4가지 사례로 보아 하늘을 관장하는 신령을 내미로리에서 천황(天

皇)으로 여긴다고 볼 수 있다. 이와 함께 삼척시 하장면에서 복재를 하였던

분이 남긴 위목을 보면 '천황대제신장(天皇大帝神將)'이라는 신령 이름이 적

혀 있다.[103] 미로면에서 복재들이 지녔던 위목 사례를 발견할 수 없었고, 하

장 지역에서 다른 복재가 사용한 위목에서 '천황(天皇)'이라는 신령 이름을

발견하지 못하였지만, 용례(用例)로 보아 '천황(天皇)'은 '천신(天神)'을 의미하

는 것으로 볼 수 있다.

이를 통해 내미로리에서 천제를 지내는 것은 틀림없는데, 모시는 신령의

명칭으로 보아 내미로리 전체에 영향을 미치는 우환을 없애기 위한 논의를

진행하는 과정에서 천신으로 여겨지는 천황을 모신 제의를 베풀었을 가능

성도 있다.[104]

---

102 이창신, 「충주 마수리 농요 [忠州 馬水里 農謠]」, 『한국민속문학사전』, 국립민속박물관,
   2013.
103 삼척시 하장면 장전리 고 전광탁 님이 보관하였던 위목(2006년 9월 조사).
104 마을에 여러 가지 우환이 있어 마을 주민 모두 소를 희생으로 하여 '天皇'을 모셔서 천제
   를 지내게 된 계기는 복재의 권유로 내미로리 전체 단위의 천제를 지내게 된 것으로도
   볼 수 있는데, 이와 관련하여 차후 복재들이 사용한 위목에 대한 다양한 사례를 수집하
   여 살펴볼 필요가 있다.

내미로리 천제 축문에는 천제를 지내는 목
적과 관련하여 구체적인 염원이 '국태민안(國
泰民安) 소재회부(消災回復) 제흉반길(除凶反吉)
시화연풍(時和年豐) 오곡풍등(五穀豐登) 육축번
성(六畜繁盛) 각인각성락(各人各姓樂)'으로 표현
되어 있다. 즉, 나쁜 것을 막아 내미로리를 평
화롭게 하고, 이를 바탕으로 풍요를 기원하는
내용이다. 이를 통해 내미로리 천제에서는 마
을 단위 천제의 다양한 기능 중 역질 방지를 위
함이 가장 우선적인 과제였음을 알 수 있다.[105]

그리고 천제를 지내는 사례 중에서 마을 단
위 신앙의 처소로 기능하는 사례가 많은데, 내
미로리 천제는 내미로리 내 작은 단위 마을 전
체를 관장하는, 즉 마을 단위 제의보다 그 위상
이나 제의 동참 범주와 의미가 더 확장된 형태
의 제의이다.

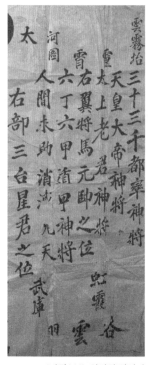

〈사진144〉 하장면 장전리
고 전광탁 님 보유 위목 중
'천황' 세부

이와 같이 단위 마을 모두를 아우르는 천제
를 지내는 이유는, 반 단위 마을별로 여역신을 모시거나 거리제사를 지냄으
로써 일상적인 역질 구축과 잡귀 접근 방지를 도모하였으나, 단위 마을에서

---

105 여수시 화정면 개도리 화개산의 천제단에서의 천제를 비롯하여 충북 진천군 금한동 사
례, 울진 북면 쌍천리 독미산 천제당 등의 사례를 보면 역병이나 소 · 말 등의 전염병을
구축하기 위해 천제를 지낸 사례들이 다수 있다. 물론 여제에도 이와 같은 종교적 기능
이 있지만 전통 사회의 민간신앙 관념과 삼척시 미로면 내미로리에서 천제를 지낸 목적
을 고려한다면 이는 천제를 통해 해소해야 할 종교적 기능으로 여겨진다.

의 종교적 의례를 통해 역병이나 우질을 구축할 수 있는 상황이 아니고, 내미로리 전체에 우환이 생겼을 때 이들 단위 마을 모두를 아우르는 제의를 행할 필요가 있어, 이를 위해 마을 단위 신령보다 상위 신령으로 여겨지는 천신을 모셔서 마을 주민들의 종교적 염원을 표출한 것으로 볼 수 있다.

그리고 마을 단위 천제를 지낼 때 다른 마을들은 일반적으로 천신을 상당신으로 모시거나, 마을 단위 신령으로 해결이 안 되는 다양한 어려움을 극복하기 위해 천신을 모시는데, 내미로리에서 기우제는 천은사 뒤 쉰움산 계곡에서 지내고, 각종 역질이나 마을 우환을 구축하기 위해 천제단에서 천제를 지냄으로써 그 종교적 염원을 표출하고 있다. 즉, 특정 제의 장소에서 여러 가지 종교적 염원을 표출하는 것이 아니라 각 제의 처소별로 마을 주민들이 목적하는 것을 기원함을 알 수 있다.

내미로리 천제의 성격을 정리하면, 첫째, 모시는 신령을 '천황상제(天皇上帝)', '천황(天皇)', '천황제(天皇帝)'라고 한 이유는 천신(天神)을 천황(天皇)으로 표현하는 사례가 많지 않지만 분석해 본 결과 하늘을 관장하는 신령을 내미로리에서 천황(天皇)으로 여기고 있음을 알 수 있다. 이와 함께 삼척시 하장면에서 복재를 하였던 분이 남긴 위목을 보면 '천황대제신장(天皇大帝神將)'이라 적은 신령 이름이 있는 것으로 보아 '천황(天皇)'은 '천신(天神)'을 의미하는 것으로 볼 수 있다.

둘째, 천제를 지내는 사례 중에서 마을 단위 신앙의 처소로 기능하는 사례가 많은 데 비해, 내미로리 천제는 내미로리 내 작은 단위 마을 전체를 관장하는, 즉 마을 단위 제의보다 그 위상이나 제의 동참 범주, 의미가 더 확장된 형태의 천제이다. 이와 같이 단위 마을 모두를 아우르는 천제를 지내는 이유는 단위 마을에서 종교적 의례를 통해 역병이나 우질을 구축할 수 있는 상황이 아니고 내미로리 전체에 우환이 생겼을 때 이들 단위 마을 모두를 아우르는 제의를 행할 필요가 있어, 이를 위해 마을 단위 신령보다 상위 신령으로 여겨지는 천신을 모셔서 마을 주민들의 종교적 염원을 표출한 것으로 볼 수 있다.

셋째, 다른 마을과는 달리 내미로리 천제봉에서의 천제는 마을 내에 있는 쉼움산에서의 산멕이, 기우제, 각 단위 마을 단위의 서낭고사와 함께 각각 분화된 종교적 기능을 수행하는 내미로리 나름의 전통을 잘 보여주고 있다.

5. 하당 제의에서 상당신으로 모신 천신을 위한 천제

마을 내 제당으로 성황당이 있지만 각종 잡귀를 구축하고 소가 질병에 걸리는 것을 막기 위하여 마을 입구에서 거리고사를 지내면서 상위 신으로 천신(天神)을 좌정시켜 위하는 사례는 노곡면 하월산리에서 발견할 수 있다.[106] 이 마을은 정월에 잡신에 대한 의례인 거리고사를 중심으로 고사를 지내는데, 그 유래는 다음과 같다.

> 70~80년 전에 사방에서 소에 병이 돌았던 적이 있다. 이 우질을 막기 위해 집집마다 쌀을 한 봉지씩 거두어 떡을 한 후 마을 사람들이 모두 모여 거리에 나가서 빌었더니 인근의 상월산이나 다른 동네에서는 소가 죽어 나갔으나 마을에서는 피해가 없었다. 그래서 그 후로도 계속하여 거리고사를

---

106 노곡면 하월산리 천제 사례는 다음 자료에 있는 내용을 정리하였다.
국립문화재연구소(편), 『산간신앙(강원 · 경기 · 충북 · 충남 편)』, 국립문화재연구소, 1993.

지낸다고 한다. 이는 정월에 한 번만 천신(天神)을 위하고 객귀를 먹이기 위한 것으로, 하늘을 위한 의례이기 때문에 성황보다 더 크게 지내는 것이다.

정월고사는 성황고사보다는 거리고사가 중심이 되므로 성황당에는 메만 한 그릇 올리고 거리고사에는 떡 2시루·메·대구포·과일·술 등을 차린다. 제물은 천신의 몫과 잡신, 객귀의 것을 따로 마련한다. 천신의 것은 제상 위에 올리고 잡신의 것은 제상 아래 맨땅에 차리며 그 내용도 다르다.

떡 한 시루는 동네 공공기금에서 쌀을 사 와서 하고 다른 한 시루는 집집마다 쌀이건 잡곡이건 한 대접씩 모아서 쪄 바친다. 전자의 것은 천신의 몫이며, 후자의 것은 잡신과 객귀의 것으로 상 아래에 차린다. 이것은 당주집에서 정월 성화당고사의 제물과 같이 준비하는데 동네 재산이 있어도 잡곡이나 쌀을 한 대접씩 모으는 것은 집집마다의 정성을 모으기 위한 것이라고 한다.

그 외에 천신에는 과일과 헌주라고 하여 산에서 떠 온 깨끗한 물을 잔에 올리고 초와 향을 피우며, 산진에는 냄비에 지은 잡곡메·대구포·동이 술을 차려 놓는다. 제의 후 이 술을 바가지로 퍼서 뿌리 주변에 뿌리는데 객귀는 원래 많이 먹어야 탈이 없기 때문이라고 한다.

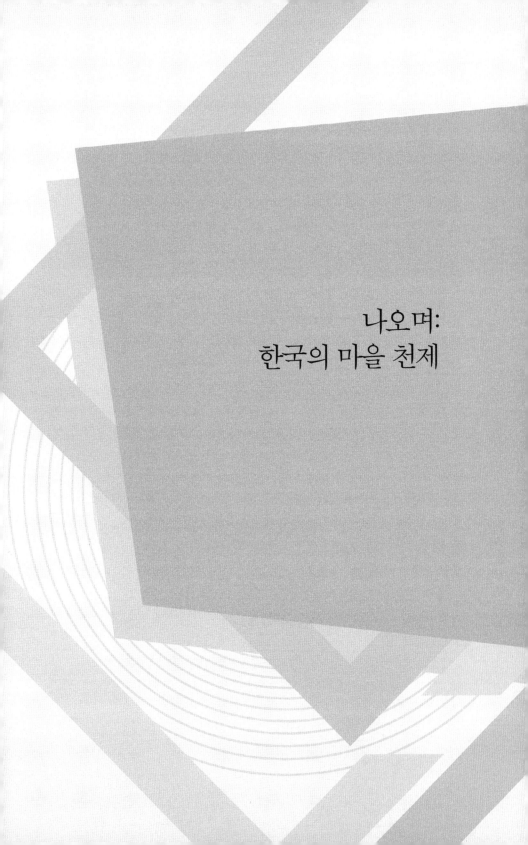

나오며:
한국의 마을 천제

최고 신령으로서의 천신(天神)이 포함된 제사인 천제(天祭) 또는 제천(祭天)이라 불리는 하늘[天]에 대한 제의(祭儀) 사례 중 마을 천제(天祭)는 전국 각지에서 간헐적으로 보이는 마을 단위, 또는 여러 마을이 함께 지낸 천제이다.

즉, 천제는 개별 마을 단위로 지내는 사례도 있으나, 마을 단위 제의보다 그 위상이나 제의 동참 범주, 의미가 더 확장된 형태의 천제를 지내기 위해 매년 또는 수년에 한 번씩 하위 마을들을 모두 동참시켜 설행하는 사례도 많다. 단위 마을 모두를 아우르는 천제를 지낸 이유는 개별 마을에서 종교 의례를 통해 역병이나 우질을 구축하거나, 가뭄을 극복할 수 있는 상황이 아니거나, 하위 마을을 모두 아우르는 제의를 행할 사회적·문화적 필요성으로 인해 마을에서 모시는 신령보다 상위 신령으로 여겨지는 천신을 모셔서 마을 주민들의 종교적 염원을 표출한 것으로 볼 수 있다.

마을 천제의 위상과 기능을 중심으로 전승 양상을 살펴보면, 상당으로 기능하는 천제, 마을 신앙의 구심체로 기능하는 천제, 개별 마을 단위 천제, 각종 역질을 구축하기 위한 천제, 기우(祈雨)를 위한 천제로 분류할 수 있다.

천신을 상당신으로 모시는 유형은 마을 신앙 구조가 상당과 하당, 또는 상·중·하당으로 구분되어 마을 제사를 지내는 마을에서 최고 신령인 천신을 상당인 천제당(천제단)에 모신 사례가 이에 해당한다.

연결되는 하위 마을들을 모두 아우르는 구심체 기능을 하는 천제당은 관련 마을들을 대표하는 중심 마을의 제당이다. 이에 하위 마을 대표들이 천제당에 모여서 마을 천제를 지낸 후 하위 마을 단위로 마을 제사를 지내기에 상하 위계를 보여주는 유형이다. 이에 해당하는 천제당은 같은 생활권 또는 문화권에 속한 하위 마을들이 천제를 통해 결속을 다질 수 있는 계기를 마련한다. 이 유형에 속한 천제 중 천신과 함께 산신을 모신 사례도 있다. 그 이유는 산신에 의탁하여 종교적 염원을 달성하려는 목적보다는 천신이 좌정한 천제당이 위치한 곳을 관장하는 산신을 위한 의례로 볼 수 있다.

개별 마을에 위치한 천제당에서의 마을 제의 사례를 살펴보면, 주신(主神)으로 천신을 모시는 마을이 있지만, 마을 제사를 지낼 때 천신을 모시지 않고, 성황신·토지신·여역신을 모시거나 당산할아버지, 당산할머니 등 마을 주민들의 종교적 염원을 직접적으로 관장하는 신령들을 모시는 마을도 있다. 이와 같은 사례들은 제의 공간이 천제당임에도 불구하고 천신을 모신 천제를 지냈다고 볼 수 없다. 이와는 달리 단위 마을에서 천신을 주신(主神)으로 모시고, 개별 기능을 담당하는 산신·성황신·여역신 등을 함께 모시거나, 하위 제차인 거리고사에서 상위 신령으로 천신을 모시는 사례도 있다. 이와 같은 현상은 마을이 분화되면서 천제당 중심의 마을 신앙 전통이 무너진 후 이곳을 단위 마을의 제당으로 이용하는 과정에서 나타난 현상으로 볼 수 있다.

가뭄이 들면 기우제를 지내는 사례가 많은데, 이를 기우제 또는 천제라고 한다. 즉, 농촌에서 비가 안 내려 한발(旱魃)의 피해가 극심해지면 기우제를 천제단에서 지내기도 하였는데, 승주군 장기마을, 삼척시 동활리를 비롯하여 많은 마을에서 이를 '천제(天祭)'라 하였다. 이를 통해 천제당이 기우를 위한 제당의 역할도 하였음을 알 수 있다.

그리고 마을 천제는 역질 구축 기능을 수행하기도 한다. 삼척시 내미로리 천제, 충북 진천 금한동 천제, 전남 여수시 화정면 개도리 화개산 천제단에서의 제의, 울진 북면 쌍전리 독미산 천제당에서의 제의, 삼척 하월산리 마을 제의 중 거리고사에서 상당신으로 천신을 모시는 사례 등을 통해 이를 확인할 수 있다.

마을 천제의 위상, 천신과 함께 모시는 신령과의 관계와 종교적 기능 등을 중심으로 천제 중심의 마을공동체 신앙 구조를 분류하면, 상당에서의 제의로 기능하는 천제, 마을 신앙 구심체로 기능하는 천제, 다른 신령들과 함께 좌정하여 단위 마을을 위한 마을 신앙으로 기능하는 천제, 매년 또는 일정 기간에 한 번 기우 또는 역질 구축을 위해 지내는 천제, 상당과 하당으로 구분되는 마을 제의 중 하당 제의인 거리고사에서 상위 신령으로 모시는 천신을 위하는 유형으로 구분할 수 있다.

마을 천제의 주요 기능을 중심으로 천제의 성격을 정리하면 먼저 중심 마을에 있는 천제당에서의 천제는 상호 연결성이 있는 여러 하위 마을 주민들을 아우르는 구심체 역할을 한다. 둘째, 가뭄이 들면 기우제를 지내는데, 천제단이 기우제장으로 기능한다. 셋째, 역병이나 소 전염병 등이 창궐하면 역질을 구축하려는 염원을 담은 마을 천제를 지낸다.

이와 같이 개별 마을, 또는 연결성이 있는 다수의 하위 마을 주민들이 1년 또는 수년에 한 번씩 열리는 천제를 통해 소통과 화합의 장을 마련하고, 기우(祈雨)·역질(疫疾) 구축(驅逐) 등 특정 영역을 관장하는 신령들이 수행할 수 없는 다양한 종교 기능을 담당하는 최고의 신령인 천신을 마을에서 모시는 제의(祭儀)가 마을 천제(天祭)이다.

□ 史料

『三國志』魏志東夷傳

『新增東國輿地勝覽』

『輿地圖書』

『朝鮮王朝實錄』

許穆,『陟州誌』

金正浩,『大東地志』

吳宖黙,『旌善叢瑣錄』

『東萊府誌』

『朝鮮地誌資料』

沈宜昇,『三陟郡誌』, 1916.

□ 단행본류

국립문화재연구소(편),『산간신앙(강원 · 경기 · 충북 · 충남 편)』, 국립문화재연구소, 1993.

국립민속박물관(편),『한국의 마을제당(강원도)』, 1999.

국립민속박물관(편),『한국의 마을제당(전라남도 · 제주도편)』, 2002.

국립민속박물관(편),『한국민속신앙 사전 : 마을 신앙』, 국립민속박물관, 2010.

국립민속박물관(편),『한국민속신앙사전(가정신앙)』, 국립민속박물관, 2011.

국립민속박물관(편),『한국민속문화사전』, 국립민속박물관, 2013.

강정식,「신앙 · 전설 유적」,『북제주군의 문화유적(II)-민속-』, 북제주군 · 제주대학교
　　　박물관, 1998.

김경남,『강릉의 서낭당』, 강릉문화원, 1999.

김도현,『史料로 읽는 太白山과 天祭』, 강원도민일보사 · 강원도 · 태백시, 2009.

김도현 · 장동호,『3대 강 발원과 태백』, 강원도민일보 · 태백시, 2010.

김도현 외,『문헌으로 본 태백시의 지명』, 태백시 · 강원대 강원전통문화연구소, 2011.

김병섭,『장산의 역사와 전설』, 국제, 2008.

김승찬 · 황경숙,『부산의 당제』, 부산광역시사편찬위원회, 2005.

서영대 외,『강화도 참성단과 개천대제』, 경인문화사, 2009.

善生永助,『生活狀態調査, 其3 江陵郡』, 朝鮮總督府, 1941.

신종원(편),『강원도 땅이름의 참모습 《朝鮮地誌資料》江原道篇-』, 경인문화사, 2007.

이필영,『마을 신앙으로 보는 우리 문화 이야기』, 웅진닷컴, 2001.

임동권,『한국민속학논고』, 집문당, 1971.

임동권 外 2人 共著,『태백산 민속지』, 민속원, 1997.

村山智順,『部落祭』, 조선총독부, 1937.

최광식,『고대한국의 국가와 제사』, 한길사, 1994.

□ 논문류

김덕진,「전라도 광주 무등산의 神祠와 天祭壇」,『역사학연구』49, 호남사학회, 2013.

김도현,「삼척 해안지역 마을 신앙 연구」,『역사민속학』21집, 한국역사민속학회, 2005.

김도현,「동해시 동호동 천제단 운영과 그 성격」,『박물관지』14, 강원대학교 중앙박물관, 2007.

김도현,「태백산 天祭와 儀禮」,『역사민속학』30, 한국역사민속학회, 2008.

김도현,「강원도 영동 남부지역 고을 및 마을 신앙」, 고려대학교 박사학위논문, 2009.

김도현,「태백시 咸白山 절골 天祭堂 운영 양상과 그 성격」,『강원문화연구』제28집, 강원대 강원문화연구소, 2009.

김도현,「태백산 천제단과 마니산 참성단 儀禮 비교」,『동아시아고대학』23, 동아시아고대학회, 2010.

김도현,「태백지역 고갯마루 산령당 운영 양상과 그 성격」,『박물관지』제18호, 강원대 중앙박물관, 2012.

김도현,「1870년대 태백산 권역에서의 동학교도 활동과 그 의미」,『박물관지』제 19호, 강원대학교 중앙박물관, 2012.

김도현,「한계산성 천제단의 형태와 성격」,『한국성곽학보』23집, 한국성곽학회, 2013.

김도현,「삼척시 내미로리 天祭」,『종교학연구』제 32집, 한국종교학연구회, 2014.

김도현,「강릉 도마리・목계리 탑신앙」,『한국의 탑신앙』(共著), 국립무형유산원, 2015.

김도현,「태백시 栢山洞 번지당골 天祭堂」,『강원도 민간신앙 기초조사』, 국립무형유산원, 2016.

김도현,「환웅신화에 보이는 천왕의 성격」,『삼국유사의 세계-좌광식교수 정년기념 논총』, 세창출판사, 2018.

김도현,「역사・문화로 본 한강・낙동강・오십천 발원지 고찰」,『강원사학』31집, 강원사학회, 2018.

김도현,「신앙과 산림문화-산에서 모시는 신령과 의례」,『세시풍속과 산림문화』, (사)숲과문화연구회・산림청, 2018.

김도현,「강원도 삼척・동해・태백지역 독립유공자와 이의 교육적 활용」,『강원지역독립운동사』, 강원도교육청, 2018.

김도현,「마을 천제의 구조와 성격」,『한국민속학』69, 한국민속학회, 2019.

김도현,「인제지역 마을에서 모시는 山神의 성격」,『종교학연구』제37집, 한국종교학연구회, 2019.

김도현,「강릉 대동마을 민속(민간신앙・세시풍속・종교・민간의료)」,『강릉 대동마을지』, 가톨릭관동대・한국수력원자력, 2019.

김도현,「삼척 상두산 산멕이에서 모시는 신령들의 구조와 성격」,『한국무속학』41집, 한국무속학회, 2020.

김도현,「태백산 지역에서의 마을 천제 전승 양상과 의미」,『한국 종교』48집, 원광대학교 종교문제연구소, 2020년 8월.

김도현,「좌동 장산 천제, 상산 마고당제, 제석당산제」,『부산의 마을 신앙』4권, 국립민속박물관, 2020.

김용기, 「300여년 이어왔던 금한동 天祭」, 『상산문화』 13호, 진천상산고적회, 2007.

김철웅, 『고려시대 『잡사』 연구 : 초사, 산천 · 성황제사를 중심으로』, 고려대학교대학원 박사학위논문, 2002.

나경수, 「전남 장흥군 부산면 호계리 별신제 조사 연구」, 『민속학연구』 10, 국립민속박물관, 2002.

나경수, 「지남리 지북마을의 민속」, 『전남민속연구(신안군 도초면지역 민속종합조사 보고)』 창간호. 전남민속학연구회, 1991.

박내경, 「무등산 천제단 개천제 신앙고」, 『남도민속연구』 11호, 남도민속학회, 2005.

박호원, 「韓國 共同體 信仰의 歷史的 硏究 : 洞祭의 形成 및 傳承과 관련하여」, 한국정신문화연구원 한국학대학원 박사학위논문, 1997.

박흥주, 「천제(天祭)로서의 호계마을 별신제 연구」, 『비교민속학』 46, 비교민속학회, 2011.

손진태, 「朝鮮의 累石壇과 蒙古의 鄂博에 就하여」, 『朝鮮民族 文化의 硏究』, 을유문화사, 1948.

윤순석, 「遊黃池記」 · 「遊太白山記」 · 「黃池記」, 『태백문화』 21집, 2008.

이창신, 「충주 마수리 농요[忠州 馬水里 農謠]」, 『한국민속문학사전』, 국립민속박물관, 2013.

이필영, 「태백산 천제단」, 『文化財大觀』(중요민속자료 1: 신앙 · 생활자료), 文化財廳, 2005.

조항범, 「'琴閑里' 소재 地名의 어원과 유래에 대하여」, 『제2차 금한동 천제 세미나 자료집』, 대한민국 천제 문화학회, 2014.

최종성, 「숨은 天祭 -조선 후기 산간제천 자료를 중심으로-」, 『종교연구』 53집, 한국종교학회, 2008.

최종성, 「천제와 산천제」. 『상산문화』 20, 진천향토사연구회, 2014.

최종성, 「진천 금한동의 천제와 축문」, 『종교학연구』 33, 한국종교학 연구회, 2015.

최종성, 「태백이 품은 성지와 성자」, 『2018년 태백산 천제 학술대회 자료집』, 태백문화원, 2018.

황경숙, 「장산마고당 · 천제당」, 『한국민속신앙사전(마을 신앙)』, 국립민속박물관, 2010.

□ 디지털 자료

김도현, 「쌍전리 동제」, 『디지털울진문화대전』 (http://uljin.grandculture.net/GC01801358)

나경수, 「개도리 화산 천제」, 『디지털여수문화대전』 (http://yeosu.grandculture.net/GC01302265)

국토지리정보원 (http://map.ngii.go.kr/ms/map/NlipMap.do)

부산직할시 해운대구 홈페이지 (http://www.haeundae.go.kr/)

종로도서관 (https://jnlib.sen.go.kr/)

https://map.kakao.com/

□ 필자 현지 조사: 2000-2020년.

찾아보기